2015 年レスリング世界選手権女子団体で、
不調の男子を尻目にメダル獲得の喜びを分かち合う女子代表選手

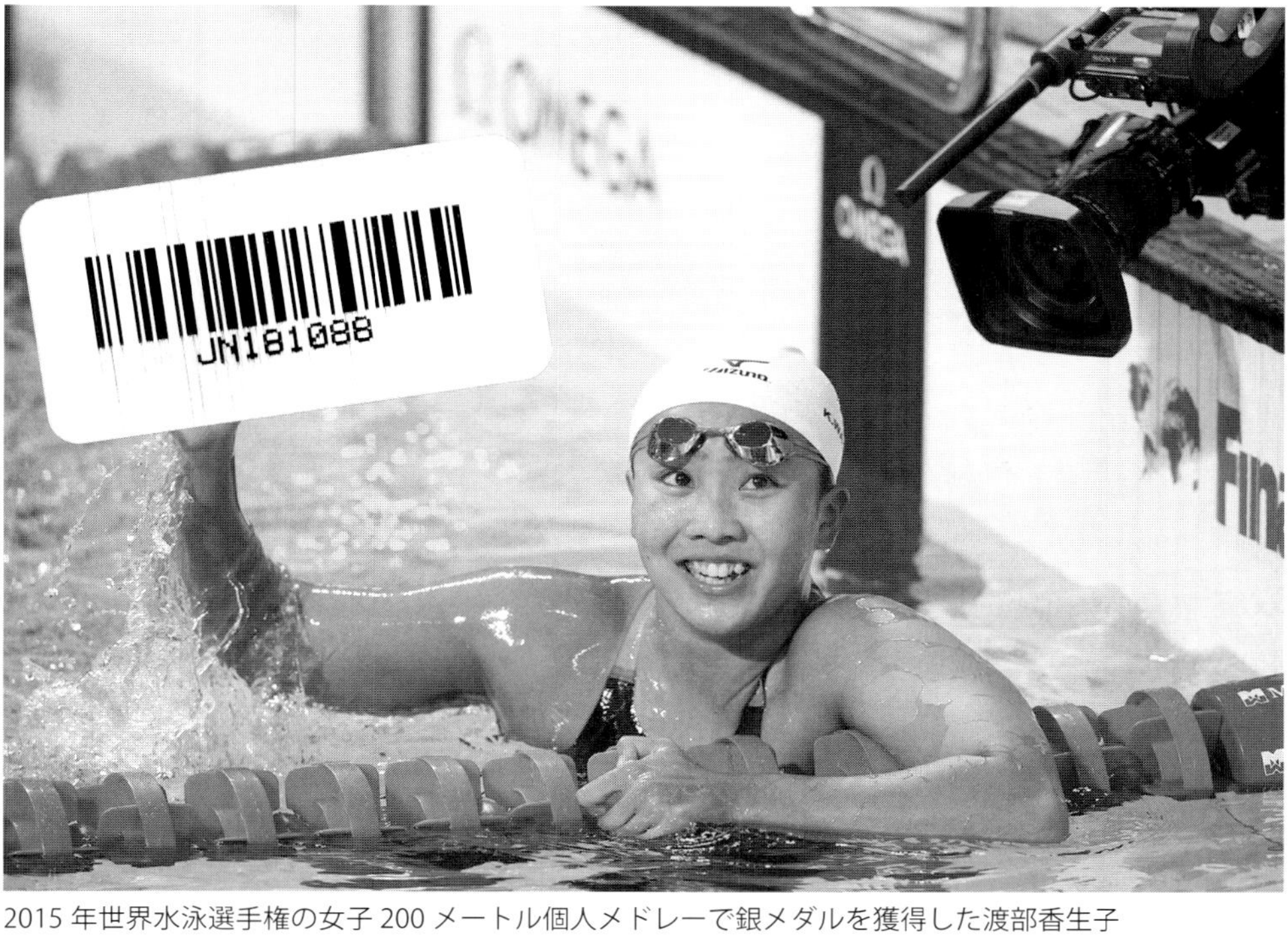

2015 年世界水泳選手権の女子 200 メートル個人メドレーで銀メダルを獲得した渡部香生子

ジャパンオープン 2015 で 1 年ぶりに競技に復帰した浅田真央

史上最年少でバドミントン日本代表に選ばれた山口茜

YONEX OPEN JAPAN 2015 で初優勝した奥原希望

世界で活躍する日本の女性アスリート

写真：フォート・キシモト

リオデジャネイロ五輪出場を決めたバスケットボール女子日本代表

2015年アスタナ世界柔道選手権大会の団体で金メダルを獲得した女子日本代表

2015年世界水泳選手権でシンクロナイズドスイミング日本代表はデュエットテクニカル、チームテクニカル、チームフリー、フリーコンビネーションの4種目で銅メダルを獲得した

FIFA女子ワールドカップカナダ2015で準優勝したなでしこジャパン

現代スポーツ評論 33

Contemporary Sports Critique

特集：女性スポーツの現在

CONTENTS

【特集】女性スポーツの現在

主張
Opinion

女性によるリーダーシップが生起するスポーツ界に向けて
――社会構造と男性目線の諸問題――

清水　諭

特集のねらい

人々は、ある特徴を持つよう形成されてきた社会的カテゴリーに括られ、ステレオタイプをもとにまなざされる。自分と異なり、「女性」「男性」「高齢者」「障がい者」「セクシュアルマイノリティ（ＬＧＢＴ：レズビアン、ゲイ、バイセクシュアル、トランスジェンダー）」「移民」「難民」「黒人」として括られる人々について、その境遇を知り、経験と記憶を分かち合う。そして、そうした営みを楽しんで生きていくこと。こうした行為の積み重ねは、国境を越えて、世界の様々な場所で待ち望まれている。

スポーツという文化に携わる行為は、こうした閉鎖的かつ重層的な排除の状況に対して、楽しみながら分かち合いを進めて行くことのできるツールとして期待されてきた。スポーツという文化が身体を拠り所に感情を伴い、変幻自在な周到さをもった営みとして捉えられるからに違いない。

本号は、スポーツにおける女性に焦点を当てる。社会構造の変化を前提にして、スポーツという文化の持つ特徴をその歴史性を含めて考えつつ、現在の状況と未来を様々な論稿から議論したい。

社会構造の変化と慣習的な意識

山田昌弘は、その著書（山田、２０１５）で、特に

1990年代以降、サービス化、情報化、グローバル化などの特徴を持つニューエコノミーにおいて、従来の固定化された男女の役割分担（「男は主に仕事、女は主に家事」）を前提とした社会制度、慣習、意識があるため、人々が新たな状況に対応できていないことを以下のようにまとめている。

第一に、構造変容について。先進国社会は73年のオイルショック以降、経済成長率の低下、社会保障費の増大、財政赤字、少子高齢化に見舞われているが、子どもを持つ女性が働きやすい環境を整え、職場での女性差別をなくし、女性が経済的に活躍する下地を整えた先進国（英米独仏蘭豪、北欧諸国など）は、比較的高い経済成長と財政悪化に歯止めがかかり、出生率のある程度の回復を成し遂げたとする。様々な「付加価値」を創出できる多様な人材（ダイバーシティ）が必須の条件とされるニューエコノミーのもとで、女性が活躍する企業が業績を上げているのである。（同上書：17-23）

しかしながら、日本においては、女性の経済的活躍の遅れにより、少子高齢化が深刻化し、未婚者があふれ、また結婚しても家計が楽にならず、その結果、消費が増えず、経済成長が妨げられているとされる。合計特殊出生率（女性一人あたりが生涯に産む平均子ども数）が1.5を割り込む状態が20年以上続き、高齢化率（65歳以上人口が総人口に占める割合）は2013年で25.1％（世界一）、特に地方での人口減少が深刻化している。30歳代前半の未婚率が2010年に男性46.3％、女性34.5％であり、同棲や未婚で子どもを出産するケースがほとんどない日本において、結婚しない人の増加が少子化を産んでいる。（同上書：24-27）この結婚しない人の増加こそ、「夫が家計の責任を持つべき」とする意識から来るとされ、結婚が可能な男性（安定した収入を獲得）と可能でない男性（収入が不安定）との分断を引き起こし、未婚者が結婚相手と考える人数が減少しているといえる。また、未婚女性の72.3％が「夫が家計の責任を持つべき」に賛成しているという調査結果も示されている。安定した収入を得られる男性が減少している上に、若年女性の雇用状況は男性以上に厳しく、不安定で低収入の非正規雇用で働く女性が90年代から急速に増えている。収入の少ない非正規雇用の女性が結婚して子どもを育てる場合、安定した夫の収入が欠かせないということになる。（同上書：28-31、水無田、2014：237-245）

それでは、女性の収入が家族生活にとって不可欠になってきている中で、既婚女性の就労率はどうか。表1は、２００９年の「全国消費実態調査」のデータを再集計したもので、既婚女性の就労率は45・6％だが、パートや自営業の家族従業者などが30・4％で、正規雇用者は15・2％にすぎない。山田はここから、正規雇用で働く既婚女性（核家族20－59歳）の比率は、年齢層によってほとんど変わらず、15％前後であり、２００９年の時点では、未だ出産とともに退職し、出産後パートなどで再就職するというパターンが主流であるとまとめている（山田、２０１５：41）。

表1 既婚女性の就労率 （単位＝％）

年齢	就業率（うち正規）	正規雇用のうち官公庁割合
20未満	12.2 （一）	
20-24	40.0 （16.2）	14.8
25-29	42.6 （15.8）	18.6
30-34	43.5 （15.4）	24.9
35-39	48.4 （14.7）	31.2
40-44	59.1 （14.6）	31.1
45-49	63.9 （15.8）	25.5
50-54	63.4 （16.8）	35.8
55-59	55.3 （13.6）	29.1
平均	45.6 （15.2）	

山田は、女性の経済的活躍を阻む要因は、雇用慣行（正規・非正規の格差、正社員の新卒一括採用、年功序列の昇進システム、正社員の長時間労働など）、社会保障制度（税制における配偶者控除、年金の三号被保険者制度、子育てや介護に関わる制度など）、家族に関する社会意識（画一的な同調志向、高い家事水準など）にあるとし、これらが「男性が主に仕事、女性が主に家事」ということを前提に作られているため、そこから外れることが経済的にも社会的にも、そして心理的にも困難になっているとまとめている。（同上書：47－48）

母親に対する社会的抑圧

以上のような山田の指摘は、「正社員には専業主婦がいる」、すなわち、経営者は「家事・育児に責任のない」正社員を雇用してきたことを示している。したがって、日本の女性たちは、子育てに非常に大きな時間と手間を割き、かつ大きな不安に苛まれていると考えられる。

水無田気流は、スーザン・ハロウェイの著書（高橋登ら訳（２０１４）『少子化時代の「良妻賢母」』新曜社）を以下のようにまとめている。

日本の母親たちは子育てに高い基準を求めるがゆえに、子育てをうまくやりおおせるのはとても疲れるものであり、難しいことだと感じている上に、子育てに

> 関する古い文化モデルと新しい文化モデルの間には対立や不一致があり、そのことが、女性自身の行動を振り返り自分自身の基準で自己評価しようとする際に、不安やストレスを感じさせることがある。（略）国際比較からみても高すぎる日本の母役割の基準は、多くの女性を苦しめている。そして、自らの不完全さに寛容になれなければ、自分を責め続けることとなる。（水無田、２０１５：２２７）

水無田は、日本社会がいかに母親の文化規範から逸脱した女性を批判するかは「驚くほど」の水準とハロウェイが指摘していると述べている。そして、政治家は子どもを産まない女性は社会貢献していないと考え、子どもの病気や教育の問題は母親の無知や怠惰のせいにされることがある点も言及している。その上で、育児を負担してくれない夫への妻の不満は、「家事が分担できないほど過重労働を強いる職場環境よりも、夫の怠惰など性格的問題」（ハロウェイ）へと向かうとする。水無田は、単純に家事の負担を分け合うだけでなく、その過程で生まれるコミュニケーションや、ともにいる空間を快適にしようという姿勢を見せる夫に対し、妻が満足していることを示している。共働きが多数派になっても、既婚男女の家事時間の大きな隔たりが存在する日本の夫婦関係は、やはり性別分業型であり、協業やコミュニケーションの余地が乏しい。（同上書：２３２-２３３）

女性を好んで採用するサービス・医療・福祉などの第三次産業の構成割合が２０１０年に７割となり、感情の適切な表出や感性などを「資本」とする従事者を活用する産業が増加した。このようなニューエコノミーのもとで、男性・女性を問わず、非正規雇用が拡大している。女性の雇用の拡大こそ経済状況にプラスと考えられるものの、固定化された「男は主に仕事、女は主に家事」、そして「夫は主に仕事で家族の収入を支えるべき」という意識が日本の人々を根強く支配している。（山田、２０１５：27）さらに母親は、子育てに最大限の力と細心の注意を払わなければならないとする意識に過剰に駆り立てられている。日本において、社会構造、制度、慣習、そして個々人の意識まで、固定化された性役割に縛られているといってよい。その上で、水無田は若い女性の理想の結婚像を変えることはほぼ「不可能」であり、なぜならそれが希望や幸福感に根ざしているからだと述べている（水無田、２０１５：２４５）。

スポーツの風景

アメリカンフットボールのシーズン中に北米に滞在したある週末のことだった。主要テレビ局が、土曜日の午前中から、全米の各地域で行われるほぼすべてのカンファレンスで開催されるカレッジフットボールのゲームについて、予定や結果をハイライト映像とともに放送していた。視聴者は、重要な試合については中継を観戦し、全米各地域で開催されるゲームの結果を知ることができる。そして、日曜日になれば、NFLのプロフェッショナルによるゲームが1週前のハイライトを交えて、スターターやゲーム展開の予想とともに中継されていた。

グラウンドの上で男性が身体をぶつけ合う肉弾戦とともに、そのゲームを「ミサイル」や「スクランブル発進」といった軍隊で用いられる武器・戦略用語、さらに自軍と敵軍の「戦闘」を比喩表現してゲームは演出されてきた。そして、そこに登場する女性たちはチアガールとしてであり、男性選手を応援し、ゲームを盛り上げる視覚的効果を優先されるような立場に位置づけられている。

こうした週末の光景が、北米の日常を構成しているとすれば、戦争及び軍隊的比喩表現で身体と身体とがぶつかり合うゲームであるアメリカンフットボールは、まさに身体性をもって「男らしさ」を提示し、それが歴史的に堆積されてきたといえる。

「男らしさ」をめぐる文化と文化の闘争

アメリカンフットボールの「身体性」をともなった「男らしさ」の文化は、余暇時間の一角を確実に占めてきた。そのことに対し、嫌悪感を抱く人々のほか、関心を持つことのできない多くの人々が確実に存在する。あるいは、こうした「男らしさ」の文化的普及からすれば、それにそえない男性たちはその位置を危うくするだろう。長く堆積されてきたこうしたスポーツによる「男性性」の強調は、北米だけに見られるものではない。まさに身体を基盤にして、「規律ある英国の男性を生産するためのスポーツ」が世界中に普及してきた。それは同時に、暴力性を伴った「男性性」の普及でもあった。サッカー、ラグビー、クリケット、ゴルフ、ベースボールなどのスポーツは、「男らしさ」に関するステレオタイプが共通意識化され、「男と男の関係」すなわち、「同性社会（ホモソサエティ）」が形成される中で、ヘテロ・セクシュアリティ（男性と女性の異性愛主義）を前提とした思考と実践が積み重ねられてきた。すなわち、「同性愛嫌悪（ホモフォビア）」がその文化にあり、選手などが同性愛を公表することを困難にし、「男らしさ」と認められない行為や言説に対して、セクシュアリティとジェンダーに関する差別的言説が浴びせられてきたのである。

オーストラリアンフットボール、ラグビー、サッカーに加えて、クリケットが広く普及してきたオーストラリアなどでは、男性による格闘型のスポーツを行う際に必ず、非暴力啓発運動として「ピンクリボン」を身につけることが実践されている。暴力性と男性性を誇示するようなスポーツの特徴に対して、「非暴力」を社会運動として訴えていくものである。スポーツは、そこで用いられる言説や暴力がハラスメントに捉えられることを十分認識し、人権の観点から注意を向ける必要がある。

男性によるまなざしと「女らしさ」

有元健は、スポーツとメディアとの関係の中で、女性アスリートについて、以下のように述べている。

端的にいうと、メディアは女性アスリートと女性ファンを男性のそれに比べて低く評価し、周縁化し、幼児化・性愛化する傾向がある。女性によって行われるスポーツは報道量が少なく、女性アスリートは苗字ではなく名前や「ちゃん」付けの愛称で呼ばれる事が多いし、アスリートとしての能力以上に「美」もしくは「美貌」が強調される傾向がある。また、女性ファンたちは専門的知識を持たないミーハーな観戦者・視聴者として位置づけられ、メディアは既存の女性らしさを補強する役割を果たしていると考えられる。（有元、２００９：１２１）

２０１１年ＦＩＦＡ女子ワールドカップで優勝し、さらに２０１２年ロンドンオリンピックで銀メダルを獲得、さらに２０１５年ワールドカップで準優勝を果たした日本代表女子サッカーチームを取り囲むメディア言説は、まさに上記のことが当てはまる。代表選手へのインタビューでは、ファッションや異性関係、チーム内でのガールズトークの内容に時間が割かれ、試合展開における戦術や選手同士のコミュニケーションの内容などの詳細が語られたことは極めて少ない。2015年にワールドカップで準優勝を果たした際の新聞において、「増やしたい『なでしこの卵』　女子チームの数、伸びず」、「『世界一の経験』いかす道を　指導者や運営関与に期待」、「未来のために今後も勝つ　ブーム再燃へチャンス」といった見出しで特集記事が組まれた（朝日新聞、2015年7月4・5・6日）。しかし、その構成は2011年に優勝した時とあまり大きな違いはない。また、テレビでのニュースも代表選手がなでしこリーグのチームに帰還し、リーグ戦が再開された風景を伝えることに終始した。

もはや、オリンピックに男女のメダル獲得数に差はなく、特定の種目では女子のメダル獲得数が多い状況になっている。パラリンピックにおいても、各国が急速に強化し始めたため、この2大会は女子のメダル獲得が困難になっているが、2000年はじめの大会までは女子も多くのメダルを獲得していた。（表2参照）

女性指導者育成に向けたロールモデルの構築と戦略

スポーツの組織・連盟などではもちろんのこと、企業の社長ほか重役が「元ラガーマン」「テニスはインカレで活躍」さらに「ゴルフはハンディキャップ10を切る腕前」などと肩書きや業績のほかにスポーツの経歴が提示される。仕事もでき、スポーツもできるということが示され、何よりコミュニケーションのツールとして用いられる。しかしながら、企業などで活躍する女性たちの紹介文には、仕事内容のほかに「二児の母」「料理もプロ級の腕前」といった言説を目にすることが多い。

今後は、企業の女性重役や重職に就く女性政治家たちが、「元オリンピアン」「元パラリンピックで活躍」といった言説が付記されることを期待したい。女性向けの雑誌で強調されているのは、キャリアアップへのルートをロールモデルとして提示していることだが、戦略的に女性を登用するようにしていくことはもとより、優秀な女性指導者を育成していくために、その女性のライフステージを踏まえたキャリア形成のあり方を調査をし、同時に、積極的かつ挑戦的に女性の指導者の登用を仕掛けていく必要がある。

本稿の最初に述べたように、社会構造は大きく変化しており、固定的な性役割を越え、大きな希望を持って、長らく一線で活躍できる女性指導者が次々に登場してく

表２　2000 年代のオリンピック・パラリンピックにおける日本選手のメダル獲得数

			2000 年						2004 年						2008 年						2012 年					
			シドニー						アテネ						北京						ロンドン					
			男			女			男			女			男			女			男			女		
			金	銀	銅	金	銀	銅	金	銀	銅	金	銀	銅	金	銀	銅	金	銀	銅	金	銀	銅	金	銀	銅
オリンピック	陸上	マラソン				1						1														
		ハンマー投げ							1														1			
		リレー															1									
	水泳	競泳					2	2	2	1	2	1		2	2		2			1		2	4		1	4
		シンクロ					2						2							1						
	体操								1	1	2					2					1	2				
	自転車									1							1									
	ウエイトリフティング																								1	
	柔道		3	1		1	1	2	3	1		5	1		2			2	1	2		2	2	1	1	1
	ボクシング																				1		1			
	レスリング			1							2	2	1	1		1	1	2	1	1	1		2	3		
	フェンシング															1						1				
	テコンドー							1																		
	バドミントン																								1	
	卓球																								1	
	バレーボール																									1
	サッカー																								1	
	野球										1															
	ソフトボール						1							1				1								
	アーチェリー									1												1				1
	セーリング										1															
	メダル数		3	2	0	2	6	5	7	5	8	9	4	4	4	4	5	5	2	5	3	8	10	4	6	7
	男女別メダル数合計		5			13			20			17			13			12			21			17		
パラリンピック	陸上		1	4	2	1	6	3	5	1	4	2	3	3	2	5	2		2	1		3	1			
	水泳		3	4	1		1		1	5	6	7	1	3	1	2	2				1	2	4	1		
	柔道		1		2	6			1	2	1					1					1					
	自転車		1	1						1	1				1	3	2						1			
	卓球						1	1																		
	アーチェリー							1		1			1	1					1							
	バスケットボール							1																		
	テニス								1						1		1				1					
	ゴールボール													1										1		
	メダル数		6	9	5	7	8	6	8	10	12	9	5	8	5	11	7	0	3	1	3	5	6	2	0	0
	男女別メダル数合計		20			21			30			22			23			4			14			2		

日本オリンピック委員会 HP より　http://www.joc.or.jp/games/olympic/
日本パラリンピック委員会 HP より　http://www.jsad.or.jp/paralympic/what/past.html

ることが社会的インパクトを与えるだろう。そのことは、国内のみならず、イスラム圏など政治的宗教的により重い扉が少しずつ開かれていくことを日本から支援していくことになると考える。

（筑波大学）

【文献】

有元健（2009）「スポーツと身体、メディア　サッカーの事例」伊藤守（編著）『よくわかるメディア・スタディーズ』ミネルヴァ書房、120-121頁。

水無田気流（2014）『シングルマザーの貧困』光文社。

水無田気流（2015）『「居場所」のない男、「時間」がない女』日本経済新聞出版社。

山田昌弘（2015）『女性活躍後進国ニッポン』岩波書店。

座談会

女性がスポーツする際に起きること

山口　香

筑波大学体育系准教授。全日本柔道連盟女子強化委員、日本オリンピック委員会理事

小笠原悦子

女性スポーツ研究センター長。順天堂大学大学院スポーツ健康科学研究科教授

清水　諭

筑波大学教授、現代スポーツ評論編集委員

友添秀則

早稲田大学教授、現代スポーツ評論編集委員

とき：9月11日　ところ：創文企画

女子柔道と指導者の問題

清水　今回初めて本誌で取り上げることになった「女性スポーツ」をテーマにして、女性がスポーツをする際に起きることや、世界の視線からみた日本における女性スポーツの現状などを取り上げたいと思います。２０１２年12月に柔道女子日本代表選手15名が「ナショナルチームにおける暴力・パワーハラスメントについて」という告発文書をＪＯＣに提出しました。山口さんは事情をご存知かと思いますが、実際にはどのような状況だったのでしょうか。

山口　柔道の世界では体罰、暴力、パワーハラスメントという問題は長きに渡って存在していたことだと思います。それがあの時は、ナショナルチームの中で起きたということではないでしょうか。男性であれば表面化しなかったと思います。「ナショナルチームの強化はこんなやり方ではないはずだ」という思いが出てきて、女性であるからこそ声を上げることができ、それが大きな問題になりました。女性だから事件が起きたのではなく、女性だから問題を発信できたということだと思います。

清水　具体的にはどのようなことが起きていたのでしょうか。

山口　監督やコーチには逆らえない、様々に理不尽なことをされても、不満を言ったり、自分の思いを述べたりすることが抑圧されてきたと思います。選手を選ぶのは監督やコーチなので、おかしいと思いながらも受け入れざるを得なかったという状況がありました。ほかのスポーツでもそうだと思いますが、柔道の場合は、身体能力という点に関しては男性の方が高いです。男性の監督やコーチが引退して十何年経っても、女性の選手より強い場合がほとんどなので、彼らには変な優越感があります。男子の場合はまた違って、いくら日本代表の井上康生監督が強いといっても、現チャンピオンには適いません。男性の指導者が女性の技術や能力を下に見ているということが、柔道界に限らずスポーツ界全体においてあるのではないでしょうか。女性は女性と戦うわけですし、女性のスポーツであるという視点が欠落しているということが根底にあると感じます。

清水　友添さんは柔道関係者としてあの事件についてはどうお考えでしょうか。

友添　こういう言い方をしたらお叱りを受けるかもしれませんが、柔道は格闘技ですので、暴力や体罰と練習とは紙一重の部分があります。男性の監督は「お前のためにやっているんだ」という思いがあり、男性の監督と女性の選手の間には往々にして主従関係が形成されることがあります。それは男子の場合とは少し異質な部分だと感じます。

山口　柔道は格闘技ですので、強さが絶対の価値観になっていると思います。柔道部では多くの場合、一番強い人がキャプテンですからね。人格等ではあまり選んではいませんよね。

清水　競技特性も含めて柔道界はそういった面があるということですが、柔道界に限らず男性の監督・コーチと女性の選手の関係について、女性スポーツを長年見てこられた小笠原さんはどうお考えですか。

小笠原　明らかにカルチャーが違いますね。ベースに男尊女卑的なカルチャーを持った国では、スポーツも当然そうなってしまっていると思います。ヨーロッパの柔道出身の女性スポーツのリーダーは、あの事件が起きた時に、「考えられないことだ」と言っていました。その方はスウェーデンの方でしたので、男女平等が当たり前です。「男性も女性も同じ権利を持っている」という考えをベースにしてスポーツが発展している国からすれば、ああいった事件は考えられないことだと思います。指導者自身が海外で指導を受けた経験があるかどうかは大きいと思います。それがない場合、自分が受けてきた指導が当たり前となってしまいます。それを変えろと言われても、自分の経験と違う指導法を見たことも聞いたこともなければ、変えることは難しいですよね。

友添　日本の監督・コーチは「先生」です。それが欧米では、一歩外に出ればファーストネームで呼び合うような「友達」という考え方になります。日本では監督をファーストネームで呼ぶことはありえないですよね。

山口　私が選手のころは意外と対等だったのです。「監督たちは女子柔道のこと知りませんよね?」というスタンスでしたから(笑)。だから男性側も手探りの感じがありました。当時、私は年齢が下の方でしたが、活躍されていた先輩はすでに社会人で、監督やコーチと年齢が近かったということもあって、普段からフランクに話していたのを覚えています。私はそういった時代を経験してきたので、女子柔道の競技レベルが上がっていくにつれて、人間として従属する構図になっていったことに非常に違和感を抱いています。「私たちは自分たちで強くなったのであって、あなたたちに強くしてもらった覚えはありません！」といった感じでしたね（笑）。それが、女子柔道の強化システムが出来上がっていくにつれて、選手は多少理不尽なことがあっても我慢していれば安全だというようになり、何も言えなくなってしまったのではないでしょうか。こういったことは柔道に限らず、現代社会のあらゆる場面にあることではないでしょうか。

清水　女子柔道が普及発展していくにつれて、段々と日本のスポーツの構造に取り込まれていってしまったという感じですね。

山口　他の女性スポーツと比較しても、女子柔道は大学スポーツとしてきちんと位置づけられていると思います。トップ選手の大学への進学率が、他の女性スポーツに比べて高いと感じます。大学に進学し、社会性を身につけ、コーチングに関する多様な知識を学んでいると思います。女性アスリートが、「暴力やハラスメントは一般社会では到底認められない」ということを大学などで学んでいたので、あの告発に繋がったのだと思います。ナショナルチームに行くと、単なる根性論としか思えないような指導があって、自分が大学で学んでいる環境との落差にがっかりする経験があるのだと思います。そのような指導で強くなればまだいいのですが、単なる根性論では強くなる訳もありません。これまでは選手数が多いので、「誰かが勝ってくれればいい」というような強化の仕方だったので、何とかなってきたのではないでしょうか。

小笠原　ナショナルチームの指導者に対して、「こういう人であってほしい」という理想像を選手は持っていると思うのですが、柔道界はそういう考えを持っていなかったのでしょうか。

山口　海外に行くと、私たちは当たり前のように男性の選手に技術指導をしますし、彼らもまた私たちをリスペクトしてくれます。しかし、私が日本で大学生以上の男性の練習会に招かれて技術指導をするということはありません。男性は「男性の方が技術的に上だ」と思っているのではないでしょうか。「お前たちは柔道を知らない。わかっていない」と平気で言われます。そこには、「日本の男子柔道は強かった」という意識があると思います。「俺たちはずっと強かった。お前たちは弱かった」という意識ですね。「今は女子の方が強いので、私たちが教えますよ」と言いたいところですが、そのようにはいかないですね（笑）。彼らは観念的に男性の方が技術的にも体力的にも上だと思っています。ですので、ヘッドコーチや監督人事に関しては、もっとしっかり考えて人選をしなければならないと感じています。

スポーツの組織・連盟と指導者の育成

山口　日本のスポーツ組織は、人事に関してお友達感覚があると感じています。監督やヘッドコーチを選ぶ際に、女子柔道の指導者としてふさわしいかどうかよりも、自分の眼鏡に適う人かどうか、自分たちの言うことをきちんと聞くかどうかが優先されてしまっていると思います。

清水　日本のスポーツ界では組織の作り方がうまく進んでいないのでしょうか。

友添　それは柔道界に限った話では

ないですね。多くの競技がそうではないでしょうか。女性の登用が非常に少ないと思います。

小笠原　人事に関する基準が明確ではないですよね。ナショナルコーチアカデミーがあって、そこを出なければならないとされていますが、そこに行く時点で人選にバイアスがかかっています。非常に極端な例ですが、インドの貧しい地域に住んでいてもパソコンを使って勉強し、優秀であればどんどん無料のオンラインの授業を受講し、ある一定の基準に合格していくとアメリカの企業からヘッドハンティングされていきます。世界ではそういったことが起きている時代に来ているわけだから、当然ながらみんなにチャンスがあって、それだけの能力を持っていれば資格を与えるという柔軟な考え方や制度があってしかるべきだと思います。そうすることで、女性にも男性にもチャンスが広がると思います。しかし、経験やコネクション、あるいは従順であるかどうかといった不明確な理由で人事が決まるようでは、チャンスは広がらず、優秀な人材はいつまでたっても出てこないと思います。

友添　日本オリンピック委員会（JOC）や日本体育協会といった国内の競技団体は、女性指導者を育成することが急務だと思います。

小笠原　しっかりとした目標があるから戦略が立てられるのだと思います。しかし、日本の組織には、目標となる数字はありますが、なぜ増やさなければならないのかということまでは理解できていないと思います。だから、結果として増やすための努力もしなければ、戦略も立てないということになってしまっています。

清水　女性の指導者を増やすために、資格を付与する際にバランスを考慮することがあったり、あるいは研修を増やしたりなどのことは行われているのでしょうか。

山口　段階があるのではないでしょうか。柔道の場合、女性の指導者は育ってきていると思います。しかし、それは大学への進学率が関係していると思います。男性は高校卒業後にプロへ進まないとなれば、人生の選択肢を考えて、多くは進学していると思います。しかし、女性の場合は、高校卒業後すぐに社会人になるということが多いと思います。そこでいくら競技で結果を出したとしても、組織を率いる力があるかどうか、リーダーとしてやっていけるかどうかを考えると、女性が二の足を踏むということはありますね。一方で、男性には指導者になりやすい社会的なシステムができあがっているので、そういった部分で悩むことはあまりないと思います。だから、意識して女性の指導者を育てていかなければならないわけです。高卒から社会人で活躍した人たちを再教育し、自信を持って指導できるように育てていく必要があると思います。そういったことができなければ、アスリートとして頑張って、それで終わりとなるようなアスリートの消費が続いていくだけです。それでは女性が自信を持って「指導者になる」と手を上げられるようにはなりません。

清水　バレーボール、ハンドボール、バスケットボール、サッカーや陸上などの種目でもそのような傾向があるように思います。高校卒業後に企業で競技を続け、そのまま引退するという流れですね。

小笠原　女性のアスリートに対して、将来的に指導者を目指すような指導をする指導者もいませんよね。

山口　女性が大学に行くと生意気になると言われますからね（笑）。しかし、生意気になるということはある意味では強くなるということなので、指導者になってスポーツを強くするためには生意気になるぐらいでないと勝ち抜いていけないと思うのですが。指導者を育てるといっても、育てる側には自分の言うことを聞くかどうかでしかないような気がします。

小笠原　「俺の言うことだけ聞いておけばいいんだ！」というようなびっくりする話をよく聞きますよね。

友添　セクハラと紙一重ですよね。

小笠原　そのコーチがきちんと勉強して、明確なスポーツ医科学の知識があった上で指導をしていればまだいいのですが、大学時代にまともに勉強もせず、コーチになってから知識のアップデートもしておらず、思い込みで指導をし、なおかつ自分の言うことだけ聞いておけばいいと言ってしまう。そんな恐ろしい話が多すぎますね。また、女性の選手も、中学・高校と指導を受ける過程でそういった指導に洗脳され、慣れてしまうわけです。そういった指導の下では、セカンドキャリアやデュアルキャリアの話は一切出てきませんからね。

友添　女性アスリートに対する使い捨て感覚がありますよね。

小笠原　指導者はその時のことしか考えていなくて、先のことはまったく考えていない人も多いですよね。そういったケースは、たくさん見てきました。

友添　結局のところ、「競技をやりきって結果を出して、あとは結婚して引退すればいい。子育てが終わったら、地域でスポーツ指導していればいい」という考えがあります。

小笠原　我々から見れば、将来は絶対に指導者になってほしいと思えるような選手が指導者になりたいと思わない。なぜなら、そういった自分の将来像を描けるような指導を受けたこともなければ、そういった人を見たことも聞いたこともないという状況だからです。仮に指導者がいても、結婚をあきらめていたり、出産をあきらめていたりする。そういった一人の人間として当たり前にあるライフイベントをあきらめてきた女性指導者を見ている場合があって、指導者になる道を考えた時に、「あのようにはなりたくないな」と思ってしまうわけです。簡単にはいきませんが、ライフイベントをあきらめずとも、指導者としてやっていけるような理想像を見せなければならないと思います。

山口　まず、ロールモデルを連盟やスポーツ界が本気になって作っていかなければならないと思います。しっかりサポートして、そういった人を輩出していくことで、段々と次へつながっていくと思います。一般的には産休や育児休暇のシステムは、基本的に認められています。しかし、産休のシステムを持っているスポーツ連盟は、ほとんど聞いたことがありません。選手の強化システムに関しても、産休に入ると強化指定選手から外されます。そうすると、選手は結婚や出産を自然とあきらめてしまうのではないでしょうか。それは人権を考えた時におかしいと思いますね。社会はそういったことに対してきちんと考えようとしているのに、スポーツ界だけが遅れていると思います。また、それがおかしいということに気づいていないということもあります。谷亮子さんが出産された際に、柔道連盟は彼女を強化指定選手として残しました。私はいいことだと思いました。その時に、「谷選手だから許すということではだめです。きちんとルールにして、システム化してください」と言いました。そうすれば谷さんがやったことが道を作ることになっていくわけです。次に続く人が、システムとしてそれを利用することで、単なるわがままではなく、認められたことだと安心できるわけです。谷さんだけが特別扱いされたら、彼女にとってもよくないし、柔道界にとってもよくないですね。しかし、結局システムは作られず、柔道界には何も残っていません。

友添　そういったことを決める会議にいるのはほとんど男性です。彼らは「女性が無理な要求をしてきた」というような受け止め方をしてはいないでしょうか。「こんなわがままを許していいのか」といった否定的な発言が出てきますね。

山口　こちらからすれば、そこまでしてやってもらう必要はないと思ってしまいますよね。

清水　意識して指導者を育て、システムを作っていく。そのためには決定権を女性たち自らが持たなければならない。しかし、現実はそうなっていないということですね。

社会における女性、そしてスポーツ

清水　これまでのお話を聞いていると、これから先も様々な困難がありそうですが、どうすれば変わっていくことができるでしょうか。

小笠原　１９９５年にＩＯＣがリーダーシップをとってブライトン宣言に署名し、「女性とスポーツに関するワーキング・グループ」（ＩＯＣ女性スポーツワーキンググループ、後に「ＩＯＣ女性スポーツ委員会」）を設立しました。そこで、５年後には意志決定機関における代表者に最低10％は女性を置く、10年後には女性代表者の構成率を20％にするという目標が立てられました。２０１４年に開催されたＩＷＧ世界女性スポーツ会議の最終文章である「ブライトン＋ヘルシンキ２０１４宣言」では、その目標値が40％にまで引き上げられました。というように、世界ではそういった目標がどんどん達成されているにもかかわらず、日本は５％を切っているという状況で、何も変わっていません。日本には２０１５年に女性活躍推進法が作られましたが、それ以前の男女共同参画社会基本計画の「２０２０年までに女性代表者の構成率30％にする」という目標に、〃スポーツ界を含む〃と具体的に入れてもらっています。それにもかかわらず、当時の内閣府の男女共同参画社会基本計画の推進課長が「こう書いてありますので、スポーツ界もぜひ取り組んでください」とＪＯＣに言っても、まったく通じなかったようです。

山口　悪気はないのでしょうが、ピンとこないのでしょうね。

小笠原　男女共同参画社会基本計画はどういった意味を持って作られたのか。わざわざ〃スポーツ界〃とまで書かれていることの意味が分からないのでしょう。

友添　立法の趣旨みたいなものをちゃんと理解する必要があるのでしょうが。

小笠原　その間を埋めるために、立法の趣旨をきちんと理解してスポーツ界に伝えられる人が必要なのだと思います。

友添　スポーツは発祥から考えても、基本的には男性文化だと思います。嘉納治五郎も「女性が試合に参加してはいけない」と言っていました。クーベルタンも女性のスポーツ参加には否定的でした。しかし、現在のＩＯＣでは、そういったことはまったく受け入れられない古い話になっています。しかし、日本にはまだそういった感覚が残っているのでしょうか。

小笠原　日本は内側と外側の顔を使い分けているようですね。

友添　小笠原さんは、女性がスポーツの中で平等な扱いを受けていないし、受けなければならないということをどこかで学んだ経験や学ぼうと思ったきっかけはありますか。

小笠原　私の場合はアメリカで教育を受け、そこで意識がよりエンパワーメントされた感じがしています。

友添　そういった契機があるということは大事ですね。

小笠原　１９９４年頃、アメリカではすでにスポーツ心理学でトランジションに関する教育を行っていました。セカンドキャリアという考え方が当たり前の話でした。

友添　日本のスポーツ心理学はまだ、どうやったら強くなるかというような学習心理学がメインなのかもしれません。

小笠原　そこに海外との違いを非常に感じます。私はアメリカで学びましたが、それまでも環境に非常に恵まれていたと思います。鹿屋体育大学で水泳部のヘッドコーチをしていた時には、女性も男性も指導をしていました。その時の私の上司であった田口信教先生には、「男性だから…、女性だから…」というような考えがまったくなかったので、私が男女両方のヘッドコーチとしてやっていけたのだと思います。「大型免許を取ってきてくれ」と言われて、それから免許を取って選手を乗せて遠征していましたが、そのときに「あれ、えっちゃんって女だったっけ？」と言われました（笑）。

友添　大学で「女性スポーツ論」という講義を開講していますが、どうも男子学生が受講したがらないような気がします。結局、男性が変わらなければどうしようない問題のような気がします。

小笠原　「女性スポーツ」、「女性○○」というネーミングもよくないのではないでしょうか。「ジェンダー論」とかの方がいいような気がします。なぜなら女性のことについて語っているわけではないですからね。

友添　でも、「ジェンダー」だとどうも多様な意味を付与してしまい、解釈がバラバラになってしまう感じが否めないですね。

女性指導者を増やすために

清水　先ほどエンパワーメントという言葉が出てきました。女性がスポーツをすることの意味をお二人はどこに見出されていますか。

山口　ＩＯＣは非常に戦略的だと思います。これだけ女性の地位向上が重要だと言っている理由は、大衆にスポーツからどんどん離れていかれては困るからです。これからの時代は、女性に支持されなかったら、女性がやってくれなかったら、スポーツはなくなってしまうという危機感があると思います。五輪の種目を選ぶ際も、男女で行えるものや若い人に受け入れられやすい種目をどんどん取り入れていますよね。非常に戦略的だと思いますし、彼らが本当の意味で男女平等について考えているとは思えません。だからこそ日本は考えていかなければならないと思います。一方で、日本もまたメダルをいくつとるかという考えに終始してしまっています。メダルをとるためのアスリートは必要なので、女性のアスリートを一生懸命応援します。しかし、スポーツ全体が発展していくようなところまでは考えが及んでいません。今のスポーツ界にはしっかりとしたコンセプトがありませんよね。

友添　女子柔道や女子レスリングが重要なのは、メダルをとることができるからということですね。

山口　そういうことです。

小笠原　本来はそういう話ではないはずですよね。世界の会議に出れば出るほど、日本の本音と建前を感じますね。

友添　やはり女性は花なのでしょうか。安倍首相が再選された時も、周りに女性が多くいて、華やいだ感じがしましたし、事実はどうであれ、女性重視というヒドゥン・メッセージが発信されているようにも感じました。

山口　私はそれでもいいと思っています。手段としてであっても、そこで表舞台に出ていく女性が増えていくことによって必ず変わっていくことができると思います。むしろそれをうまく利用して、中から変えていくことができると思います。しかし、そこで女性の方に準備ができていないと日本だけがどんどん取り残されていってしまいます。

清水　男性の方をどのように変えていくかということが非常に重要ですね。山口さんは著書の中で、ダイバーシティーマネジメント、いわゆる多様性を持ったマネージメントを組織の中に入れていくことが重要であるとおっしゃっています。まさにスポーツ界から日本の組織を変えるとするならば、男性にも女性にもそれぞれの役割があると思うのですが、男性に対してどのように考えていけばいいのかというのが大きなポイントだと思います。

山口　トップダウンは非常に大きいと思っています。競技連盟や大学もそうですが、下にいる人は上の言うことには耳を傾けるので、上に立つ人にことあるごとに男女平等について発言してもらう必要があります。だから上をいかにして構成していくかが大事です。スポーツ庁長官に内定した鈴木大地氏に、いかにして女性について発言してもらうかが大事なのではないでしょうか。バッハ氏のようにIOCの会長が意志を表明すれば、下はやらざるを得ない状況になっていきます。そういったことが流れを変えることに繋がっていくと思います。

小笠原　入試などの場合でも、男女の定員が決まっているので、優秀な女性を取りこぼしていますよね。しかし、卒業後に活躍している女性は大勢います。ですので、男女の人数の平等を担保することも大事ですが、活躍できる女性をいかにして育てていくかということに力を注いでいかなければならないのではないかと思っています。未だにチャンスは少ないですが、実力のある女性を多く輩出していくことで、そこから変わっていくことに繋がっていくのではないでしょうか。

山口　日本のスポーツ界で女性が重要だと言い出したのは、女性がメダルをとるようになってからですよ。女性に頼らざるを得なくなっているわけです。女性スポーツがなければ、メダル獲得数で世界トップ3なんてありえません。メダルを獲得する可能性は女性の方が高いですからね。私は世界的に見たときに、身体的な差は男性よりも女性の方が小さいと思っています。「女性の方がメダルを獲得するという点で確率的に高いのではないか」といった戦略的な視点で競技団体が女性を見ていくことによって、女性の進出が多くなります。最初は手段として扱っていることになりますが、そこで実力を発揮していけば、自然と女性の地位が上がっていくのではないでしょうか。

清水　女性スポーツではバスケットボールがオリンピック出場を決めました。サッカーも強いし、バレーボール、卓球も世界のトップで戦える力を持っています。スケートやレスリングもそうです。これだけの成績を残していることについて、お二人はどうお考えですか。

山口　もう一歩だと思います。そこで活躍した人たちがそのまま引退するだけでなく、指導者や連盟の代表者になっていくような長期的な戦略を描いていかなければいけません。現在は国際競技連盟でも、男性と女性が立候補したら女性を登用していこうという流れがあるので、女性の方が有利です。日本もＪＯＣがリーダーシップを持って、戦略的に女性をプッシュしていく必要があると思います。

清水　しかもそこに出ていける女性の人材はいるわけですからね。世界的に顔の知られている女性選手は大勢います。

小笠原　我々は選手時代からそこまでを視野に入れた長期ビジョンを持ってサポートし、育成していく必要があると思います。現役を引退してからそういったことを考えるのでは遅いと思います。

女性スポーツとメディア

山口　女性スポーツはメディアに好き放題にやられ過ぎている部分があると思います。アスリートなのにアイドルの女の子として扱われていますよね。アイドルのように扱われて、飽きられたら次へ…というやり方ではだめですね。

小笠原　世界ではメディアトレーニングがきちんとされています。メディアを変えなければ何も変わりません。しかし、メディアは堅い話に基本的に興味がありませんし、メダルをとれば興味があるが、そうでなければ興味がないというような記者もいます。ましてや女性の記者であってもそうですからね。女性の記者は男性化しなければやっていけないのではないかと感じます。女性スポーツの本質について興味を持っている女性記者は少ないと思います。

山口　女性の選手たちもアスリートとして見てもらうことを意識するべきです。そしてメディアは男性・女性に限らず、きちんとアスリートを育てるという意識を持って質問をするということが重要です。選手はそういったことを聞かれることによって、どう答えるか試されていきます。そうすることによって、かわいいともてはやされることだけに終始しない、社会的に影響力のある選手たちを育てていくことに繋がっていくと思います。そうしなければスポーツ文化は日本に厚みを持って根づいていきません。「スポーツをやっている人は馬鹿だ」と言われ続けてしまいます。スポーツの側もそういったことから距離を置いてきたのではないでしょうか。難しいことには口を出さない、競技だけやっていればいいというような考えがスポーツの側にもあったと思います。そういった部分では世界との大きな違いを感じます。

友添　社会批判、組織批判をせず、いつも笑顔で返事が明るい。そういった役割を演じさせられてきたし、またアスリートはそれに甘んじてきた。そういったところにも女性アスリートに関するメディア問題があるのではないでしょうか。

小笠原　それは本来あるべきメディアの姿ではないと思います。メディアはポピュラリティーを狙っているようにしか思えません。視聴率や読者数だけでメディアが動いていますよね。ただ、それは視聴者や読者側がそういったことを求めているから反映されてしまっているわけで、メディア側だけが批判されるのも違うと思います。

友添　そういったポピュラリティーを拒絶するような賢い視聴者・消費者を作っていく必要があるわけですね。

小笠原　そちらに力点を置くべきであって、そうなればきちんと取材して、きちんとしたものを書かざるを得なくなりますよね。

「女子種目はすべて女性監督に」

清水　一方で海外では早々とトランジションの話をしているわけですね。海外と日本ではどういった違いがあるのでしょうか。

小笠原　明らかに教育プログラムが違います。いろんなものがきちんとルール化されています。例えば視覚障がい者が水泳の授業を受けたいと言った時に、拒否することはできません。なぜなら本人がやりたいと言ったらやらせなければならないというルールがあるからです。きちんとルールがあるので、拒否はできないわけです。シラバスにそういった人たちも参加できると明記しなければならないですからね。日本にもそこまでの厳格なルールやシステムがなければ変わらないと思います。しかし海外にも最初からそういったルールやシステムがあったかと言えば、そんなことはないと思います。ＮＣＡＡ（全米大学競技スポーツ連盟）でも構成員の男女比で20年前はもめていました。そういったプロセスを経て、結果的に今のルールやシステムが出来上がったわけです。誰かが闘って変えていかなければ何も変わらないと思うのですが、日本でそれを誰がやっているか思いつきません。何もしなければ何も変わらないということをしっかり理解しておく必要があると思います。「女性アスリートに支援を！」とプロジェクトを作っても、長期的なビジョンを描けなければ常にワンショットで終わってしまいます。

山口　緩やかではあるけれど女性のスポーツ界における地位は向上してきたし、女性の活躍も見られるようになって、女性の意識も変わってきたと思います。しかし、２０２０年で一気に飛び越えたいという思いもあります。２０２０年はチャンスだと思います。今のままで変わっていかなければ、スポーツ界のみならず日本社会が世界に取り残されていきますので、緩やかにではあるものの変わっていくとは思います。しかし、カンフル剤のような何かのきっかけがなければ大きな飛躍は見られないと思います。

友添　それがレガシーではないでしょうか。ソフト面での変革が求められていますね。

小笠原　海外からリスペクトされることを目指したいですね。そしてリスペクトとは金メダルの獲得数ではないということに早く気づかなければいけません。「金メダルを何個とります！」なんて言うと、海外では笑われますから。海外ではそういったことにまったく重点が置かれていません。

友添　日本ではどうもメダルありきの雰囲気が作られます。そしてそれを当然のことのように受けとめてしまうという風土があります。そういった部分も変わっていかなければならないですね。

山口　そういった意味でも２０２０年はチャレンジだと思います。２０２０年を迎えるにあたって、戦略的に考えなければいけません。例えば「女子種目はすべて女性監督にする」という目標を立てて、それに向かって女性の指導者を育てていくというのはどうでしょうか。

小笠原　非常に分かりやすくていいですね。

山口　スタッフ全員を女性にするという話ではなくて、トップを女性にしようということです。そして該当する人材がいないところはきちんと育ててくださいということです。私はそういったことをオリンピック・パラリンピック政策に求めます。「ちょっと無理じゃないの？」という声を抑えて、無理をしてでも何とかやっていく必要があると思います。難しいかもしれませんが、絶対にできると思っています。私は柔道の女性指導者たちにもっと積極的に声を上げるように言っています。女性の指導者がもっと声を上げていくことで次に繋がっていくと思うからです。そして２０２０年東京オリンピックでやることに意味があると思います。

小笠原　女子バレーボール・久光製薬スプリングス監督の中田久美さんやU‐18サッカー女子日本代表監督の高倉麻子さんなど、徐々に優秀な女性指導者が出てきていますよね。

女性スポーツ研究センター

清水　小笠原さんに順天堂大学の女性スポーツ研究センターについて教えていただきたいと思います。

小笠原　２０１１年から文部科学省委託事業として「女性アスリート戦略的強化支援方策の調査研究」を順天堂大学が受託しました。これは２０２０年に向けて女性アスリートの支援方策を提案していくということで、６つの研究プロジェクトを展開しました。いくら個人を支えたところで、それだけではワンショットで終わってしまいます。そうではなくて、同時展開でそれぞれの選手やコーチが所属している組織やそのステークホルダーたちの組織文化そのものも変えていかなければいけないということを強調しています。

また昨年、文部科学省の「私立大学戦略的研究基盤形成支援事業」に採択され、５年間研究を続けることができるようになりました。私たちが考えた女性アスリート支援方策を具体的に実践していくものにしていきたいと考えています。より多くの女性アスリートが常にベストコンディションで試合に臨めるように、女性アスリートのコンディション管理に関する研究をすることが大切です。またそれと同時に、女性アスリートを支える指導者の資質向上や増員も重要です。これは世界中でテーマとなっていますが、特に日本で重要な課題であると思います。すでに国際的なネットワークがありますので、情報やノウハウがどんどん入ってきます。これを利用して女性アス

リートのコーチング方法を開発していきたいと考えています。

清水 研究成果をベースに置き、女性スポーツの実践場面においてどのようにチャレンジしていくかということですね。

小笠原 女性リーダーシップカンファレンスを開催して、「ただ語っているだけでなく、やりましょう」と宣言しました。女性コーチアカデミーを始めるにあたって、山口さんにも来ていただきます。またU‐18サッカー女子日本代表監督の高倉さんにも来ていただきます。実際に女性コーチを育てるプログラムをスタートさせます。それ以外にも様々なプログラムを同時展開しています。昨年だけでも全26回の取材を受け、延べ70誌で取り上げてもらい、今年度も8回の取材を受け、延べ43誌に取り上げられています。それだけ報道された理由はほかにもあります。順天堂大学は、女性アスリートの体の問題について対応するために、「女性アスリート外来」を設置しました。今までは、整形外科、内科、産婦人科と、それぞれが個々に診断し治療していたものを、総合的に診ることができる体制を取ろうということで、女性アスリート外来をスタートさせました。これはメディアの注目を集めました。我々も月に一度ぐらいドクターとミーティングをしています。そこでドクターと選手と連携を取りながら、最適な治療やトレーニングを考え、女性アスリートをコーディネートしています。おかげで来て下さる患者さんたちも増えてきています。オリンピックの強化選手になれば国立スポーツ科学センター（ＪＩＳＳ）で診てもらえますが、そうでない人たちは診てもらえません。ここではそういう人でも受け入れるようにしていますし、そういったことから全国に女性アスリート研究所の理念が広がっていけばと考えています。

清水　世界的には女性アスリート研究センターはあるのでしょうか。

小笠原　アメリカのミネソタにタッカーセンターというものがあります。ここが積極的にＮＣＡＡと協力してやっています。特に大学の女性スポーツに力を入れて研究・支援をしていますね。ただし、ここは社会科学的な研究領域が強いので、医科学的な部分でのサポートはあまりありません。人数も少ないですが、社会科学的なアプローチで女性スポーツを支援しています。

清水　順天堂大学の女性スポーツ研究センターはアスリート外来もあって、ドクターもいて、女性リーダーシップカンファレンスや女性コーチアカデミーも行われています。非常に多彩ですね。

小笠原　もともとジュース（ＪＷＳ）というＮＰＯ法人があって、それをベースに女性スポーツ研究センターが出来上がっていますので、現在活躍してくれているのはジュースのメンバーたちです。順天堂大学という一大学だけで出来ることではありません。今まで皆さんに協力してもらった内容をそのまま引き継いでやっています。ですから名前も女性スポーツ研究センターとして、「順天堂」という名前を入れていません。

清水　女性スポーツ研究センターを起点に、女性が世界に進出し、また海外からも多くの研究者やアスリートが来て交流が広がり発展していくという、すばらしい流れになっていくと思います。

山口　大学が果たす役割は非常に大きいと思います。順天堂大学も筑波大学もそうですが、体育系学部と医学系学部が共存している大学は数少ないので、そういった部分で連携し合ってやれるところに、女性スポーツの発展のみならずスポーツ全体に貢献できる可能性があると思います。また、指導者を輩出していくという点においても、大学は戦略的にやっていくことができると思います。

2020年以降のビジョン

清水　最後になりますが、２０２０

年を超えたところにどのようなビジョンがありますか。

小笠原　２０２０年東京オリンピック・パラリンピックとそれ以降に対して何が注目されているのか。私は国際女性スポーツワーキンググループ（ＩＷＧ）の委員の一人として、日本が非常に期待されていることを感じます。具体的な戦略を持って、火付け役となるようなプロジェクトを行い、「日本が世界で初めてこういったことを実現した！」ということをやれるかどうかだと思います。そしてそのチャンスは明らかに来ています。今ならやれるのではないかという期待があります。

山口　初めに話題が出たように、スポーツは強いけれども、まだまだ保守的で、女性が社会的に活躍できないというイメージを日本に対して世界は持っています。その日本が成し遂げることの意味は非常に大きいです。それが世界に大きく発信されて、「あの日本ができたのだから…」となっていくと思います。そしてスポーツの力です。「スポーツが日本を変えた、日本の女性たちを変えた」というように大きなメッセージ性を持って伝わると思います。それは私自身の２０２０年東京オリンピック・パラリンピックの一つの大きな目標にしたいと思っています。そしてそれは一人ではできませんが、まずはいろいろなことに挑戦し、男性も女性も多くの人が集ってできればいいなと思っています。

友添　２０２０年を前にして、ハード面ばかりが問われていますが、こういったソフト面でどのように力を発揮することができるかどうかが重要だと思います。大きく推進していく時期に来ていると思いますし、その準備ができつつあると感じます。私もそれに対して何ができるか考えていかなければいけないと思っています。

小笠原　確固たる自信と根拠を持った女性リーダーをコーチアカデミーから輩出していきたいですね。

山口　女性コーチアカデミーでしっかり勉強して世に出てもらえば、絶対に活躍しますよ。女性コーチアカデミーを男性も受けにくるようになると思いますよ。

清水　みなさんから様々な意見をいただきました。２０２０年を超えたところに目標を持って進む時期に来ていると思います。本日はありがとうございました。

女性とスポーツ

―現代的課題―

山口理恵子

「女性とスポーツ」への逡巡

「女性とスポーツ」―このテーマの論文執筆と編集協力を依頼されたとき、なぜ「ジェンダーとスポーツ」や「セクシュアリティとスポーツ」ではなく、今さら「女性とスポーツ」なのかと戸惑いを覚えた。同時に、今こそ「女性とスポーツ」だとも思った。本稿では、「女性とスポーツ」をめぐって筆者が「今さら」と「今こそ」と感じた両義性の要因を考察しながら、「女性とスポーツ」の現代的課題について論じていく。

筆者は学生時代に、ＮＰＯ法人ジュース（ＪＷＳ：Japanese Association for Women in Sport）の学生会員となり、女性トップコーチセミナー等の企画・運営に携わってきた。イベントの企画会議の中で、しばしば「『女性』という言葉はもう必要ないのではないか」ということが他の会員との間で話題になり、その度に筆者は「まだ必要」との意見を固辞し続けてきた。「必要ない」と主張する会員たちの根拠は、女性も男性も同じような問題を議論しているのだから、あえて「女性」をつける必要はないということであったが、筆者の「必要である」とする根拠は「女性」をとってしまったら中立性が担保されているかのように見えながら女性の直面する問題が再度、不可視化されてしまうという直感からであった。

しかし研究を進めていくにつれ、「女性とスポーツ」の「女性」をどのように扱うべきかわからなくなっていった。それはフェミニズムにおける「女性」の捉え方が変わったことに起因していた。

江原由美子は、『フェミニズムのパラドックス』（勁草書房、２０００年）で、女性学元年の１９７８年から80年代初頭をフェミニズムの第1期、エコロジカル・フェミニズムやマルクス主義フェミニズムが導入された80年代前半からの時期を第2期、そして「異なる位置にある女性たちが抱える多様な問題に焦点を当てながら理論活動を行ってきた、90年代フェミニズム」を第3期に分け、日本におけるフェミニズムの変遷をまとめている。すなわち、「理論的には性役割論や社会化論に依拠しつつ、いかに女性の社会参加が阻まれているか」を論じてきた第1期フェミニズムと、「複数の冠つきフェミニズムの間で論争が展開された」第2期フェミニズムが、「女という同一性」を前提としていたのに対し、第3期フェミニズムでは、ポストモダニズムや社会構築主義などの理論による影響や、社会的位置によって女性の経験が多様であることが浮き彫りになるにつれ、「『女』とは、もはや生物学的属性に基づいた自然的な同一性なのではなく、政治的言説によってそのつどそのつど社会的に構築される同一性に過ぎないものになった」（江原、２０００）。

筆者は第3期フェミニズムの影響を受けながら学生時代を送っていたため、「女性とスポーツ」に関連する実践活動と研究活動における筆者自身の立ち位置について逡巡することが多くなっていった。あの頃からすでに15年以上が経過し、2度目の東京五輪まであと5年というところに差し掛かった今日、女性アスリートの存在感は増し、賞金格差の是正など表面的には男女格差も解消されつつあるように思える。しかし果たして、「女性とスポーツ」の枠組みを放棄してもいいかと問われれば、「否」という答えが浮かんでくる。「今さら」必要ないのか、「今だから」必要なのか。考察してみよう。

「女性とスポーツ」の概念整理

まずは今回のテーマである「女性とスポーツ」あるいは「女性スポーツ」が意味する範疇について確認しておこう。英語では、“Women and Sport”“Women in Sport”“Women's

Sport" "Sport for Women" などが該当するであろう。「女性とスポーツ」は、「女性」と「スポーツ」の並列であり、女性とスポーツの関係に広く焦点を当てる視座である。スポーツする女性、女性アスリートが主に対象となり、女性とスポーツの歴史やスポーツする女性の身体を扱う際に使用される傾向がある。

Women in Sport を直訳すると「スポーツにおける女性たち」となり、その対象となる女性は必ずしもスポーツを実施している者だけが対象となってはおらず、すでに引退した女性アスリートやコーチ、意思決定の立場にいる女性など、スポーツに関わるあらゆる女性を含む際に使用される。たとえば、女性のスポーツ界における地位や立場、男性とは異なる処遇等（メディアなど）をめぐる議論の際に採用される。また The Conference for Women in Sport などは、「女性スポーツ会議」と訳され、日本語を聞いただけでは、次に示す Women's Sport との違いがわからない場合もある。

「女性スポーツ」と訳されることの多い英語は、Women's Sport であり、女性に限定したスポーツ種目や領域を指す場合が多い。この中には、例えば Training Tips for Women など「女性のためのスポーツ」という意味合いも含まれるだろう。また、女性に関するスポーツ会議や組織、団体などで使用されることも多い（Women's Sport Foundation）。

いずれにしても、英語の表記に置き換えるとニュアンスにおいて若干の違いを見い出すことができるものの、必ずしも厳密な意味や定義が付与されて使われている訳ではなく、その使用をめぐっては、スポーツにおける、あるいはスポーツとの関係性における「女性」を強調するための意味合いを有している。つまり、スポーツ界で常に中心に据えられてきた男性とは異なる存在として際立たせるために採用されるのが「女性とスポーツ」「女性スポーツ」という視点である。したがって本稿では、「女性とスポーツ」「女性スポーツ」を、女性アスリート、女性スポーツ参加者、少女といったスポーツ参加者のほか、女性コーチや役員、女性スポーツ会議や女性スポーツ団体をも含む概念として捉えていく。

「女性とスポーツ」という枠組み

次に、「女性とスポーツ」「女性スポーツ」という枠組みについて考えてみたい。「女性とスポーツ」「女性スポーツ」の枠組み設定とそこでの取り組みは、男性中心主義のスポーツ文化の中で、「女性」の存在を浮き彫りにし、スポーツにおける男女格差や女性が直面する問題（女性の身体特性や出産、育児との両立など）をテーマとして扱ってきた。特に「女性スポーツ」と銘打った会議では、意思決定の地位やコーチング現場における女性割合の増加を必ず主たる議題の一つとしている。

２０１2年2月にアメリカ・ロサンジェルスで行われた国際オリンピック委員会（以下、ＩＯＣ）主催の「第５回世界女性スポーツ会議」においても、意思決定の地位における女性の割合増加が一つのテーマとなり、２０１４年６月にフィンランド・ヘルシンキにて開催された「第６回世界女性スポーツ会議」においても２０２０年までに各スポーツ組織における女性の比率を40％まで引き上げることが宣言に盛り込んだ。スポーツ組織の意思決定の地位に女性が増加することの必要性については、すでに20年以上議論され続けているが、未だにそのことが議題とされているということは、その地位における女性の数が遅々として増えていないという現実でもある。女性オリンピアンは増加していても、引退後のスポーツ界におけるキャリアパスが女性には十分に整備されていないということの証でもあるのだろう。

その一方、女性が直面している課題を克服したり、情報共有することを目的に「女性委員会」等の組織を一部に設置する団体もある。そこには他の委員会よりも多くの女性が登用される傾向にあるが、逆にそのような女性委員会にしか女性の登用が進んでいない団体もあり、女性が直面する課題がスポーツ団体全体の問題として共有されていかない場合も多い。さらにこの実態は、しばしばスポーツに関わる男性たちの「女性スポーツの問題はわからない」とする発言の中に潜む意識とも一致する。つまりそれは、「女性スポーツの問題」は自分たち男性とは関係のない問題であり、グローバルな流れの中で無視する訳にはいかないものの、女性スポーツの問題を理解できなくても（理解しなくても）何ら自身にとって不都合とはならず、女性たちが侃々諤々やっていているのを他人事として見ることのできる地位にいる者の発言に他ならない。

しばしばスポーツは男性が支配する領域と言われるが、それは単に男性という性別に属する人たちがスポーツ領域におけるあらゆる権力を保持しているということにとどまらず、その権力行使を、中立性を装いながら男性のために発動し、なおかつ「主流」のスポーツとは異なる「女性スポーツ」領域を特殊な主題として傍観することのできる、その男性視点をも隠蔽しうるパワーを指す。したがって、いくら「女性とスポーツ」「女性スポーツ」と冠を掲げ、女性に関する主題を議論する場や機会を設けても、それを女性だけの専有物にしていたら傍観者たちとの溝はさらに深まっていってしまう。

「女性とスポーツ」と医療言説

1979年に採択された女性差別撤廃条約第3部第10条には、「(g) スポーツ及び体育に積極的に参加する同一の機会」を女子に対して男子と同等に確保しなければならないことが明記された。アメリカでは女性差別撤廃条約に先立ち72年にタイトルⅨを成立させた。この法律成立直後のアメリカでは、女性コーチの数が飛躍的に増加するなど、スポーツ現場に大きな変化をもたらした。

一方日本では、「女性とスポーツ」「女性スポーツ」に焦点を当てた研究や議論の場が80年代から存在してはいたものの、「女性とスポーツ」「女性スポーツ」が大きく取り上げられるようになるのは、女性アスリートの国際舞台での活躍やメディア露出が高まってからと言えるだろう。また、1999年に男女共同参画社会基本法が成立し、政府がスポーツを含むあらゆる分野における男女平等の推進を後押しするようになったが、その施策も女性全般を対象とした内容（政策・方針決定過程への女性の参画や女性に対する暴力の根絶など）がスポーツという限定した領域よりも優先されてきた。

文部科学省（以下、文科省）は、2008年よりロンドン、ソチ五輪での「メダル量産」のための「チーム「ニッポン」マルチサポート事業」をスタートさせた。国立スポーツ科学センター（以下、JISS）、筑波大学、順天堂大学が事業を委託され、順天堂大学では受託期間の2年間で女性アスリートのセカンドキャリアやセクシュアルハラスメントなどの課題を含む『女性アスリート戦略的強化支援方策レポート』をまとめた。

2年間の委託期間終了後、順天堂大学は14年に、文科省の私立大学戦略的研究基盤形成支援事業の一つに選定され、「女性スポーツ研究センター」を設立することとなった。この事業は「女性アスリートのコンディション管理に関する研究基盤構築」を5年間のテーマとしており、「女性アスリート外来」を含む医科学的なアプローチを事業の中心に据えている。

JISSではマルチサポート事業とは別に、13年から「女性特有の課題に対応した支援プログラム」を文科省から受託した。妊娠・出産期のアスリート支援や月経に関連する研究・啓発活動など、ここでも医科学の視点から女性アスリートの競技力向上に向けたサポートが実施されている。つまり、スポーツ界の女性に関する国の支援や研究助成の内容は、競技パフォーマンスに直結するものに限定され、なかでも月経、出産、女性アスリートの三徴（Female Athlete Triad）など「女性特有の身体」の問題を克服するためにそのメカニズムに関する研究が主流となっている。

国の多額の予算が、「女性とスポーツ」「女性スポーツ」枠に分配され女性アスリートに支援の手が差し伸べられる状況になったことは重要であるが、支援のアプローチやその成果基準が医科学的アプローチに偏っていることは見逃すべきではない。

女性身体に対する医学的アプローチは、スポーツの世界においてはそれほど新しい問題ではない。60年代から女性種目に男性選手が紛れ込んで競技することが問題視されるようになり、女性アスリートたちは「女性である」ことを証明するために、すなわち、「男性性器を有していない」ことを証明するために、全裸で検査官の前を行進しなければならなかった。この非倫理的な視認検査から、性染色体を判断基準とする「医科学的」検査に切り替わり、最近では高アンドロゲン状態(Hyperandrogenism)から「女性身体」の基準を判断するようになっている。

性染色体のチェックでは「女性」として生まれ生活してきた選手の中にも、男性身体に見いだされるY染色体を有する者がおり、性染色体だけで「女性アスリートではない」と判断することの限界が露呈するようになった。２００９年の世界陸上で、南アフリカのキャスター・セメンヤ選手が、急激な競技パフォーマンスの向上、低い声、容姿などから性別判定検査の対象となった。その後、国際陸上競技連盟（以下、ＩＡＡＦ）は２０１１年に「高アンドロゲン女性競技者の競技参加資格に関する規則」をもうけ、女性アスリートの体で生成されるテストステロン値が男性の範囲である場合は、女性アスリートとして競技に参加できない、とした。ＩＯＣも12年のロンドン五輪前にＩＡＡＦ同様の規定を設定した。

しかし、高アンドロゲン女性競技者に対する参加資格のルールは、①テストステロンだけが女性と男性の運動能力の差の要因ではないにもかかわらず、その数値だけで性別を決定していること、②女性のテストステロン値は男性のそれを下回っていなければならず、高アンドロゲン女性競技者が女性として参加する場合は、テストステロン値を治療によって下げなければならないこと、③②に関して、治療費を支払える選手のみが対象となり、経済的要因も競技参加を左右すること、④テストステロン値の上限を女性アスリートには設け、男性アスリートには設けていないこと、など女性アスリートが男性アスリートを凌駕しない、してはならないとする前提ありきの判断基準でもある(Lifehacker, 2015)。

競技スポーツの世界では、男女混合種目はあるものの、原則、女性と男性を明確に分けることで競技が成り立っている。「女性競技者の中に男性競技者が交じることは不公平である」とする観念のもと、「女性であること」の証明が常に女性アスリートだけに求められてきた。また「女性である」とするそれぞれの自認は、それほど断定的なものでもなければ、身体的手がかりのみで行えるものでもない。しかし、スポーツの場では医科学的根拠が正当性をもち「女性であるか否か」を決定づけてきた。「女性身体」を定義する医学的判断基準が、歴史的に変遷してきたことからもわかるように、それが百パーセントの正解ではないにもかかわらずだ。

話を戻そう。2020年の東京五輪に向け、競技力向上をもたらす研究に国からの予算が多く割り当てられるようになった。その中で、女性アスリートへの支援が、「女性特有の身体特性」をテーマとする医科学的アプローチに偏っているという点についてはすでに指摘した。女性アスリートへの支援を手厚くし、女性アスリートが直面する課題を浮き彫りにするためには、男性とは異なる「女性特有の」問題を強調する必要性があったことは理解できる。

しかし、性別判定の医科学的アプローチを精緻化すればするほど、人間の性の複雑さが明るみにされてきたにもかかわらず、医科学言説は「女」の資格条件を構築し、そこから外れる人たちに競技資格を与えないパワーを有してきたことも忘れてはならないだろう。男性との違いを強調するあまり「女性特有の身体」を医学言説によって構築してしまう危険性をはらんでいることに、医科学的アプローチに携わる研究者は自覚的であってほしい。

さらに、女性アスリートにも国からの予算が分配されるようになったことは、女性アスリートの存在やその抱える課題がようやく可視化されるようになったことの証左でもあるが、同時に、それはメダル獲得要員としての「女性スポーツ」施策でもあり、そこには常にナショナリズムがつきまとうことも忘れてはならないだろう。これは、99年に男女共同参画社会基本法が成立した同じ国会で国旗国歌法が成立したように、女性にチャンスを与える一方で、ナショナリズムも動員されるという、次節以降で扱う「ネオリベ改革」の常套手段の一つと見ることも可能だ。したがって、単発的かつメダル獲得のために国から支援される「女性とスポーツ」は、男性中心主義のスポーツに切り込む政治的な視座を持たず、教育的観点からスポーツにおける男女平等を目指したアメリカの施策とは相容れないものになっていく。

「女性スポーツ」はガールパワーか？

たった22人の女子選手の参加で始まった１９００年の第2回パリ五輪から、男子選手とほぼ同等の割合で女子選手が参加するようになった２０１２年のロンドン五輪まで、近代オリンピックの歴史はまさに女性スポーツの変遷の歴史でもあった。近代オリンピックの創始者、ピエール・ド・クーベルタンは、女性が身体活動に興じる様を歓迎していなかったとされ、１８９６年第1回アテネ五輪は「女人禁制」の大会となった。しかしクーベルタンの思惑とは裏腹に、スポーツ界における女性アスリートの存在感は徐々に増していき、今日に至っては「女性の時代」を象徴するアイコンとして彼女たちは語られるようになっている。

男性アスリート同様、筋力、持久力等の行動体力を競い合い、活発な身体活動に従事する女性アスリートは、「ガールパワー」や「女性のエンパワーメント」の代名詞ともなり、社会構造にはびこる性役割規範への抵抗者のように映る。しかしジェシカ・K・タフトは、女性アスリートは、女性のエンパワーメントを政治的に唱え、性役割規範にメスを入れてきたフェミニストとは違うと主張する。

タフトによると、「ガールパワー」をキャッチフレーズに、１９９６年にイギリスでデビューしたスパイス・ガールズや、99年ＦＩＦＡ女子ワールドカップで優勝した米国チームの女性アスリートたちは、少女たちをエンパワーし、少女たちの持つ強さに肯定的な存在ではあるものの、ファッションやスポーツを志向するガールパワーは、少女たちのプライドを表現する際に、安全で親しみやすく、最善の方法であるとも見なされているという(Taft, 2004: 71)。つまり、このようなガールパワーは、いっさい政治的ではないやり方で少女たちの肯定的な感情を引き出しており、この点で政治的反逆者とみなされているフェミニストのガールパワーとは異なるとタフトは主張する。

元々は政治的な概念として使用されていたガールパワ

ーであったが、90年代までにポップカルチャーや主要メディアの様々な局面でガールパワーの言説が用いられるようになり、そこでは政治性を取り除いた少女のあり方（Girlhood）が構築されているという（Taft, 2004: 69）。タフトは、ガールパワーの言説を「反フェミニズム」、「ポストフェミニズム」、「個人の力」、「消費者の力」と4つに分類し、女性アスリートは女性科学者や社会の成功者と同様、「個人の力」に分類されるとしている（Taft, 2004: 74）。つまりそのガールパワーとは、「何にでもなれる」というメッセージを少女たちに投げかけ自尊心を向上させる一方で、アイデンティティが形成される際の物質的かつ言説的な力や、ジェンダー化され、人種化され、階級に分類され、セクシュアライズされたアイデンティティが少女たちに特権を与えたり、逆に難題をもたらしたりすることをも隠してしまう（Taft, 2004: 73）。「何にでもなれる」「何だってできる」と鼓舞するガールパワーの言説は、少女たちが抑圧状況を分析し、社会的な問題を認知できるよう手助けするのではなく、現在ある不公正な状況を隠蔽し、何かを成し遂げる責任を個々の少女たちに転嫁してしまうとタフトは批判する（Taft, 2004: 74）。

　大衆文化における女性の表象について研究しているロザリンド・ギルやスーザン・J・ダグラス、エミリー・ザスロウはいずれも、「女性の成功」や「ガールズパワー」の言説が女性身体の性的表象に満ち満ちた大衆文化の中に齟齬を来さずに出現していることを指摘している。すなわち大衆文化のなかで、「ガールパワー」や「女性の時代」が連呼されながら、少女や女性たちが性的に自らを客体化する「選択」をできることが「エンパワー」であると描かれ（Douglas, 2010）、自己改善、自己修正、個人のエンパワーメントが強調されるネオリベラリズムの文脈では、「ガールパワー」を含むフェミニストの言葉が大衆化され、アクセス容易なものとなり、時に説得力のないものにもなっていく（Zaslow, 2010）。

　ギル、ダグラス、ザスロウは、論考の中で女性アスリートやスポーツに関してほとんど言及してはいないものの、ヌードや水着姿で自身のアスレティックボディを客体化、商品化する女性アスリートについてもそれを「選択」できるという個人のエンパワーメントを指摘できるだろう。

　さらに「ガールパワー」や「エンパワーメント」の言葉は、開発文脈でも頻繁に使用されるようになっている。２０００年の国連決議で「教育、健康、開発、平和を創造する手段としてのスポーツ」が採択され、２０１５年までに世界の貧困を半減することを掲げたミレニアム開発目標（ＭＤＧｓ）が作られた。ミレニアム開発目標では、ジェンダー平等と女性のエンパワーメントを促進することにより、開発支援の効率と効果を上げることができるとしている。ＩＯＣも国連の決定を受け、「オリンピズム・イン・アクション」の一つに「スポーツを通じた開発」を掲げている。

それまで開発言説の中で不可視化され、周縁化されてきた少女の存在が、この10年のうちに開発の主体として、客体として、または概念化される者として中心的な位置を占めるようになったとフェルザナ・シャインは指摘する（Shain, 2013:6）。すなわち少女たちは、グローバル資本主義における望ましい投資可能性であり、未開発の資源としてみなされるようになった。開発企業は、少女たちに教育やスポーツする機会を提供するが、経済的成長が必ずしもジェンダー平等にはつながらないことがわかっていながら、政治的、社会的エンパワーメントよりも経済的エンパワーメントを重視する（Shain, 2013:7-8）。そこでは、少女たちの地位が向上することによって、少女たち自ら、家族を貧困から救い出し、コミュニティや国に対しても相乗効果を産み出すと考えられているが、この前提こそが文化的、性的な抑圧という社会構造による問題や、貧困問題を引き起こしている国の責任を隠蔽し、それらを少女たち個々人に転嫁してしまう側面も持つ（Shain, 2013:7-8）。

大衆文化と開発文脈に共通しているのは、フェミニズムの言説として政治的な意味を秘めていた「ガールパワー」や「エンパワーメント」が脱政治化した形で用いられていること、政治的な問題や多国籍企業の責任が、少女個人の問題に転嫁されていること、そこにはネオリベラリズムの原則が作用しているということである。そして女性アスリートも、実力主義の勝者としてガールパワーの象徴となり、社会の不公正を隠蔽しながら少女たちに達成することを迫る存在として表象されているとされた。では、勝ち組、エリート女性としてのアスリートを含む「女性とスポーツ」という枠組み、切り口の設定自体、もはや有効ではないと結論づけるべきだろうか。

「女性とスポーツ」に対する現在の結論

上野千鶴子は、『女たちのサバイバル作戦』のなかで、ウーマンリブが誕生してから40年を「ネオリベ改革の時代」（上野、２０１４）と称し、この改革によって「トクをした女と、ソンをした女の両方」（上野、２０１４）が生まれたとしている。

ネオリベ改革とは、従来型の産業形態では採算のとれない部門よりも、新規に参入してくる人びとの規制を緩和し、利益率や付加価値の高い分野に集中的に投資する、いわば効率性を重視した経済政策であり、日本では構造改革とも呼ばれる。ネオリベ改革は、「グローバリゼーションに伴う国際秩序の再編過程において、各国が共通して採用した適応戦略」（上野、２０１４）でもあるため、日本と同様のことが諸外国においても起こっている。先に見た大衆文化や開発文脈において、共通性が見られたのはこの理由による。

上野によると、ネオリベ改革は「既得権益を持った集団にくさびを入れて、これを分解する役割」と「既得権から排除されていたひとびとの集団にもくさびを入れて、これを分解する役割」という二つの方向に作用し、どちらの集団も機会均等の競争に投げ込まれ、優勝劣敗、自己決定、自己責任の原則にさらされるとしている（上野、２０１４）。この既得権益を持たなかった後者の集団に属しているのが女性であるが、ネオリベ改革は、女性たちの機会を拡大し、これまでにはなかったライフスタイルの選択肢を女性たちに与えた。同時に、競争によって勝ち組と負け組をつくるネオリベ改革は、女性たちの分断と対立も招くことにもなった。したがって多様な女性のあり方が選択できるようになった一方で、「女たちが共通の利害のために連帯して闘うことは、おそろしくむずかしくな」ってしまった（上野、２０１４）。

前述の通り、女性アスリートは「女性の時代」や「ガールパワー」の代名詞のように表象されながら、その表象は自分の努力次第で何でもできるとする実力主義の成功者、勝ち組、エリート女性の象徴とみなされる。また女性アスリートが体現するガールパワーは、非政治的な形で現代的抑圧構造を隠蔽してしまうことも指摘された。しかしそれでも、「女性スポーツ」と冠する取り組みや視点はいまだに重要であり、手放すべきではないと筆者は考える。

筆者は、「女」が生物学的属性に基づいた自然的な同一性ではないと批判したポストモダニズム、社会構築主義の理論に依拠した研究をおこなってきたことはすでに述べた。しかしその視点は「女など存在しない」ことを主張するものではなく、むしろ反復され構築される「女」の周辺につきまとう権力の実相を暴くことに焦点がおかれている。したがって、性別判定のルール策定に関わる医学言説の有する性差別や、セクシュアルハラスメントへの対策がいっこうに進まない日本のスポーツ界を論じ、ネオリベラリズムとナショナリズムとスポーツ政策の奇妙な関係性に切り込んでいく際に、「女性とスポーツ」の視点を足がかりにすることはいまだに有効である。無論、ネオリベラリズムの影響から免れることはもはや不可能であるが、少なくとも日本において、「女性スポーツ」内外の「女」の多様性や格差を議論する場や視点は十分に醸成しているとは言い難い。「女の連帯」が難しい今日だからこそ、「女の連帯」の場を提供する可能性を秘めた「女性とスポーツ」の枠組みは、まだ手放すべきではないのだ。

（城西大学）

【文献】

Douglas, Susan J (2010) *The Rise of Enlightened Sexism: How Pop Culture Took Us from Girl Power to Girls Gone Wild*, St. Martin's Press.

江原由美子（２０００）『フェミニズムのパラドックス：定着による拡散』勁草書房。

Gill, Rosalind (2009) *From Sexual Objectification to Sexual Subjectification: The Resexualisation of Women's Bodies in the Media*. Monthly Report, May 23.

Gill, Rosalind & Scharff, Christina (eds) (2013) *New Femininities: Postfeminism, Neoliberalism and Subjectivity*, Palgrave Macmillan.

Hayhurst, Lyndsay M.C (2011) "The Corporatization of Sport, Gender and Development: Postcolonial IR Feminisms, Transnational Private Governance and Global Corporate Social Engagement", *Munk School of Global Affairs Working Papers Series 2009-10*.

Lifehacker US (2015)「科学者を悩ます、スポーツ界における「男女の境界線」」http://www.lifehacker.jp/2015/06/150615female_athlete.html

Shain Farzana (2013) "'The Girl Effect': Exploring Narratives of Gendered Impacts and Opportunities in Neoliberal Development", *Sociological Research Online*, 18(2): 9.

Taft, Jessica K (2004) "Girl Power Politics: Pop-Culture Barriers and Organizational Resistance", A. Harris (ed.) *All About the Girl: Culture, Power, and Identity*, Routledge, 69-78.

上野千鶴子（２０１４）『女たちのサバイバル作戦』文藝春秋。

Zaslow, Emilie (2009) *Feminism, Inc.: Coming of Age in Girl Power Media Culture*. St. Martin's Press.

特集 女性スポーツの現在

英国における女性スポーツと日本

池田恵子

２０１２年２月２日、英国ＢＢＣ放送 Leeds 版は「昨年のＦＡによる統計調査によると、英国における女子サッカーは、今や男子サッカー、男子クリケットに次いで、３番目の規模を誇るチームスポーツとなった。女子サッカー人口はイングランドだけで１４０万人に達する」と報じた。同報道は次のようにも語る。「イングランド北東部リンカンシャーのグリムズビー女子フットボールクラブは１８８６年の秋に結成され、その５年前にスコットランドのグラスゴーで記録に残る世界初の女子サッカー試合が開催されたことを考えれば、グリムズビー女子フットボールクラブはイングランドにおける初期のサッカークラブの結成と女性の権利獲得のためのキックオフを意味した」（BBC NEWS-Leeds-daily newsletter, 2012.2.2）。

こうした労働者階級における女性のスポーツ参与の契機はこれまでさほど注目されてこなかった。むしろ、通史の大筋は初期にスポーツを行った中流階級の女性によるスポーツ実践の分析に占められてきたと言える。しかし、今日の女性のスポーツ参与の有り様は、これまでの研究が示してきた中流階級的な健康観やステイタス・シンボルとしての動機に加え、労働者階級のスポーツ参与によって成し遂げられたと言ってよい側面がある。それはなぜなのか。本稿ではその謎解きに迫る。方法として、英国における女性スポーツの動向が、日本の女子スポーツ界に与えた影響を明らかにする。しばし、読者を英国の女性スポーツの歴史へと誘いたい。

英国中流階級の女性とスポーツ

今から20年以上前に書かれた、ジェニファー・ハーグリーブズによる *Sporting Females: Critical Issues in the History and Sociology of Women's Sports*（Routledge, 1994）は英国における女性とスポーツの問題を歴史社会学的に分析し、その保守的なフェミニズムの実態を明らかにすることに成功している（Hargreaves, 1994）。しかしながら、それが女性のスポーツ参与の問題にとって早い時期のものであったことから、まずは19世紀における女性とスポーツのかかわりを炙り出す作業が必要となり、結果、中流階級の女性を中心としたスポーツにおける女性解放の道筋が示された。その約９年後の２００３年には、ジーン・ウィリアムズが *The Games for Rough Girls?: A History of Women's Football in England*（Routledge, 2003）を上梓し、サッカーについて特筆することにより、これまで考えられていた時期よりも随分早い時期の労働者階級の女性によるスポーツ参与の実態が明らかになり、産業・福祉・軍需といった側面と女性の労働者クラブの関係が指摘された（Williams, 2003）。

これらを総じると、近年の英国女性スポーツ史研究におけるジェンダー空間の分析は表１のようになる。

表１は英国における19世紀の末から20世紀の初頭にかけての女性のスポーツ実践とその階級関係を示したものであり、Ⅰのクローケー型は、「中流階級の家庭の庭（ガーデン）の遊び空間」を意味する。クローケーを行うことは、中流階級の家庭におけるステイタス・シンボルであった。ハーグリーブズは同種のスポーツとして、九柱戯、ファイズブ、バドミントン、バトルドア・シャトルコックを挙げている（Hargreaves, 1994: 64）。

Ⅱのブルーマーズ型は、「テニス、ラクロス、陸上ホッケー」に象徴される中流階級の女性が行った社交のためのスポーツ空間であった（Hargreaves, 1994: 64）。ここで言及されているスポーツは、柄の長いスティックを用いるため、ロングドレスで行っても比較的品性を汚すことがないと考えられ、許容された。ネットボールは柄の長いスティックを用いるものではなかったが、そもそも女子用にルールが考案された女子バスケットボールの改良であったため（Treagus, 2010: 97-98）、このカテゴリに含めることが可能である。つまりは、女性らしさを兼ね備えた良妻賢母型のスポーツであったと言える。これらの女性らしさを損なわない

表1　英国スポーツにかかわる5つのジェンダー空間（19 世紀末〜 20 世紀初頭）

I	クローケー型	中流階級の家庭の庭＝リスペクタビリティのステイタス・シンボル、パラファネイリアとしてのスポーツにかかわるジェンダー空間
II	ブルーマーズ型	社交空間から派生した女性らしい組織的スポーツのジェンダー空間、中流階級の女子が通う学校のランチタイム、課外体育としてのスポーツクラブ　分離型（性別隔離の戦略）に類別
III	サッカー型	第一次世界大戦後に増加した軍需工場における労働者階級の女性によるクラブで行われたスポーツにかかわるジェンダー空間 参加型（性別不問の戦略）に類別
IV	クリケット型	ジェントルマン・アマチュア・ヘゲモニーに基づくジェンダー・バイアスが顕著な排他的スポーツの空間＝エリート寄宿学校で見られた特例としての女子スポーツ空間
V	スウェーデン体操、カリセニックス及び音楽体操型	大英帝国のエイジェンシーが関与した校庭、体育館で行われ、定期的な身体検査を伴ったカリセニックスやスウェーデン体操、音楽体操が教えられた女子の正課体育の空間　分離型（性別隔離の戦略）に類別

（注：本表は JSSGS 日本スポーツとジェンダー学会第 14 回大会におけるシンポジウム「『近代スポーツ』揺籃期と女性：社会・身体・文化の交差」における「英国女性スポーツ史研究にみるジェンダー空間の分析」として報告した中身にあたる。同大会のシンポジウム報告より転載。）

スポーツは、上野千鶴子が「分離型＝性別隔離の戦略」として分析しているフェミニズムの視角と一致する。そのため、表にはその分析視角も記載した。「分離型」とは「女らしさ」や「母性」の規範の受け入れ、女性領域の自主性領域を獲得するという戦略を意味する（上野、1998：92-93）。男性スポーツと差異化することで女性らしいスポーツの世界を確保することを可能としたこれらの組織的スポーツ空間は、中流階級の女性が社交目的で関与したスポーツ空間に起因していた。のちに、それらの種目は学校における女子の課外体育や昼休みの娯楽、スポーツクラブに影響を与えたと言われている。

また、これらのスポーツを楽しむ際、アメリカの女性解放運動家、アメリア・ブルーマーの貢献により広がった女子の活動着、ブルーマーズが採用されたため（池田、1996b：9-10）、ブルーマーズ型と称すればわかりやすいかもしれない。ブルーマーズはスカートの中に裾を絞ったズボンのような下着を身に着けるもので、中流階級の女性が女性としての優美さを保持しつつ、活動的な衣服を着用する目的で考案されたものであった。

ハーグリーブズは、陸上ホッケー、ラクロスなどの組織的なスポーツに加えて、学校の「スポーツ・デイ」の日に行われたその他の野外ゲームや、漕艇、登山、ネットボールをこのカテゴリのスポーツとして捉えている。それらすべてが、中流階級的な健康の観念と女性らしさを損なわないことを条件とするものであった。

これに対し、Ⅲのサッカー型は、上記とは異なる女性のスポーツ参与の在り方に基づいてモデル化されるものである。ウィリアムズは先に言及した著書の中で、サッカーがその代表であったことを明らかにしている。しかも、先の上野が「参加型＝性別不問の戦略」と分類したフェミニズム戦略と一致するため、このカテゴリには参加型の特徴が見られることを表に記載した。上野は、「参加型」の戦略の場合は、男性と対等に女性が社会領域に参加しようとするため、「公的領域」が男性性を基準に定義される限り、「二流の労働力」、「二流の戦士」、「男なみ」を目指すか、補助労働力と化す「二重負担」の道の選択となると述べている（上野、１９９８：92‐93）。

ウィリアムズは、いみじくも、サッカーは中流階級の女性にとって特徴的であった女性らしさを損なわないスポーツとは異なり、初期の頃から男性と同じルール、同じユニフォームでプレイされる傾向があったという。サッカーは、第一次世界大戦期に軍需工場のクラブを通じて発展した。１９２０年代の工場ではブルーマーズではなく、作業に伴ってズボンの着用が増したことがその一因であったという（Williams, 2003: 27, 31-32）。

ただし、初期のサッカーはスカートやブルーマーズで行われることもあり、学校では、ホッケーやテニスほど奨励されなかった。しかし、ブルーマーズ型との相違は、男性不在の第一次世界大戦期にオールタナティヴの役割を果たしたことであった。それにもかかわらず、この時期のめざましい女子サッカーの発展は後退することとなる。１９２１年にＦＡ＝Football Associationが「サッカーは女性には不向きである」として女子サッカーを禁じた。以後、女子サッカーの禁止は50年続く（Lopez, 2001: 1061-1062; Williams, 2003: 6）。こうしたＦＡの対応は「サッカーは男性のもの」であり、「女性は男性サッカーとは異なる女性らしいスポーツを求めるべきである」という考えを意味し、女性に対し「分離型」を求めたことの証であった。ゆえに、ＦＡの主張は、逆に女子サッカーが男性と対等の文化を求めるものであったことを裏づけていよう。ウィリアムズは次のように述べる。ミニ・サッカーを導入すれば、女性サッカーのチーム数は増加する。しかし、成員たちは「本来のサッカーをしたい」と回答したという（Williams, 2003: 20-21）。これらの事実は、サッカーが歴史的に「性別不問の戦略」のスポーツとして初期の頃から発展してきた事実を物語っている。

それゆえ、冒頭のBBCニュースを通じて示したように1880年代に結成された女子サッカークラブは、史上、最初に男女平等の達成を試みようとした女性スポーツであったと言えよう。しかも、ブルーマーズを身に着けた中流階級の女性によるスポーツではなく、労働者階級の女性によって結成されたサッカーが、今日の女性のスポーツ参与の苦悩を先取りしていたことは興味深い。もっとも、このように述べることで、ブルーマーズ型が果たした歴史的役割を過小評価するつもりはない。女子に中等教育を開いた重要な教育イデオロギーは「良妻賢母」にほかならず、この理想に基づいてブルーマーズ型が採用され、女子体育がカリキュラムに位置づいた。言うまでもなく、女子の中等教育機関への参入を通して、当時の女性は、科学的な知識を得ることにつながった。それゆえ、女性解放の段階的発展を理解する上で、良妻賢母主義に基づく初期のフェミニズムが果たした分離型の戦略を歴史的プロセスとして理解しておくことは極めて重要である。

他方、女子サッカーの歴史は、女性解放が単線経路に基づくものではなく、異なる階級からの異なる次元で挑まれた脈絡があったことを伝えている。しかも、時系列に沿って展開したと考えるよりは、すでに中流階級的な試みと併行して生じていたことを見逃してはならない。

Ⅳのクリケット型は、庶民には届かぬ世界の話であった。人口の数パーセントにも満たない女子のエリート階層が経験した一種独特のエリートスポーツの世界を意味していた。それは、「ジェントルマン・アマチュア・ヘゲモニーによるジェンダー・バイアスが顕著なスポーツ空間」であり、男性エリートスポーツの影響を受けて、女子のエリートスクールで実践された例外的なものであった。女子のエリート寄宿学校 Public Boarding Schools で行われたクリケットがその典型にあたる。これは、女子に特別に開かれたスポーツであったと理解するよりも、ジェントルマン・アマチュア・ヘゲモニーの例証であったと捉えるべきである。なぜなら、女子のエリートスクールはそのカリキュラムの前例や模範を持たなかったため、種目に関しては男性エリートスクールで採用されていたスポーツの影響を強く受けた。疑いなく、クリケットはもっとも排他性的な階級観、アマチュアリズムに基づくスポーツであり、男性スポーツにとっても階級の偏見が長らく維持されていたものであった。その一例として、リチャード・ホルトは1960年代においても主人と使用人を区別する場内アナウンスが流れていたことを指摘している (Holt, 1989: 107-108; 池田, 2002: 26)。ごく少数のエリート階層の女子は、男性同様にその競技スポーツを行い、男性のパブリックスクール同様に、学年対抗・学寮・学校対抗戦を行っていた。ここでも、彼女たちのスクール・ユニフォームは、エリートスクールに通う女子生徒の特権意識を際立たせるパラファネイリアの役割を果たしていた。

日本においても少数のエリート女性は女子高等師範学校、ミッションスクール等で特殊なスポーツを体験していた。いくつかの研究は、こうしたエリート女性のスポーツ実践は、学校空間という社会から隔離された個別環境の中で経験されたものであり、卒業後、そうしたスポーツ実践を通じて習得された平等意識が社会に反映されることはなく、卒業生の多くが「学生時代の夢、ユートピア」であったと回顧していることを指摘している（広田、１９９１：１４７‐１４８、吉田、２０００：１３２、Ikeda, 2010: 542-544）。

ハーグリーブズも19世紀の女子エリートスクールにおけるクリケット実践は、彼女の著書が刊行された１９９０年代の英国をあたかも先取りしているかの様相であった（Hargreaves, 1994: 64）と述べている。したがって、これらの特権階級の女性スポーツをジェンダー・フリーの萌芽として捉えることは、やや「単純過ぎる」。むしろ男性の階級意識がその階級の妻となるエリート女性のステイタス・シンボルとしての教養に反映されたと解釈すべきであり、人口の大半を占める他の階層の女性にとってはもっとも縁遠いスポーツ空間であったことを忘れてはならない。

最後のカテゴリであるⅤのスウェーデン体操、カリセニックス及び音楽体操型は、正課体育の授業における女子スポーツ空間を意味する。スウェーデン体操とリズム体操がその典型であった。ジェンダーとスポーツの問題を考える際、この最後のカテゴリは最も重視されなければならない。

そこでは、Ⅱのカテゴリとして指摘した以上に中流階級的な健康と医学の観念が支配的であり、女性にとって「その時代に正しいとされた運動」が奨励された。カリセニックス、スウェーデン体操、その他の手具体操、ダイオ・ルイスのリズム体操、ダンスは１８８０‐１８９０年代の女子の中等教育機関における正課体育で採用された種目の中心を為す。それゆえ、女子の中等教育機関で行われた学校スポーツは、正課と課外を合わせて、ⅡとⅤのスポーツ空間を意味する。スウェーデン体操とダンスは、健康、衛生、生理学的知識に基づいて奨励された（Hargreaves, 1994: 64-65）。よく知られているように、マルティナ・バーグマン・オスターバーグの体操専門学校は同時代の正課体育の傾向を最も反映したものであった。その実践は１９１３年から14年にかけて同専門学校で学んだ二階堂トクヨを通じて、日本にも影響を与えた（二階堂ほか、１９５７：65、西村、１９８１：１６１‐１６８、Ikeda, 2010: 541）。

ⅡとⅤはブルーマーズを着用していたが、Ⅴの場合は、学校における制服としての意味があった。正課体育で着用されたブルーマーズやチュニックといった体操着は、社交空間を意味するのではなく、集団の健康管理を象徴している。大英帝国の母となる女子の健康を改善するために、その時代の医学、衛生学、生理学に基づいて要請され、その時代に正しいと考えられた身体運動を規律化する上で、制服は重要であった。

このように学校の課外体育と正課体育のジェンダー空間に相当するⅡとⅤのカテゴリは、大英帝国主義下の教育政策を通じて世界中に拡がった。

英国から日本への影響を考える上で、女性教師を養成した女子コレッジ、ケンブリッジ・トレーニング・カレッジThe Cambridge Training College for Women Teachers（ＣＴＣ）の初代校長、エリザベス・フィリップス・ヒューズの果たした役割は一考に値する。１９０１-１９０２年にかけてヒューズは日本を訪問した。彼女の訪日は、なぜ英国の女子スポーツ教育が今日の日本における女性とスポーツの問題に関与するのかを理解する上で示唆的である。

英国スポーツと日本女子体育

周知のように女子に中等教育の門戸を開いたのは帝国主義下の教育イデオロギーである良妻賢母の思想であった。その広がりはヒューズが訪日した時代と同時期にあたり、彼女は日本の女子教育に向けて、表のⅡとⅤとして示したジェンダー空間で実践されたスポーツを推奨した。

ここで、ヒューズについて若干触れておきたい。ケンブリッジにおける女子コレッジ、ＣＴＣは、中等教育機関で女子を教える教師需要の高まりを背景に、女子中等教育機関ための女子高等教育機関として１８８５年に設立した。ヒューズはＣＴＣの校長職を退職後、来日した。ヒューズは、ＣＴＣで学び、のちに東京高等女子師範学校の教授となる安井てつと親交があり、安井との友好関係を通じて、英国政府より委託されて来日したと考えられる（Bottrall, 1985: 29-34、大野、１９８９：３２３、３４０、Ikeda, 2014: 1926-1927）。

ヒューズは名古屋、金沢、京都、神戸、鳥取、千葉、福島、仙台、北海道、松本、和歌山、姫路、岡山、広島、山口、福岡、熊本、鹿児島、長崎、佐賀、小倉、東京（大野、１９８９：passim）を訪問した。１９０２年10月28日付の『防長新聞』は、山口を訪れた際、ヒューズが次のような講話を行ったと報じている。

[日英同盟による政治的軍事同盟の影響]
・日英同盟以前から日本の教育に興味を覚え、英国政府より視察を命じられ来日
・英国と日本は政治上同等であり、日本の女子高等教育も相応に充実すべき
[英国中流階級が重視する教育規範の日本への伝授]
・日本の家庭が西洋と同等であるためには女子教育が必要
[良妻賢母主義に基づく女子教育における科学性の重視]
・家庭において無教育の母親がいれば学校教育は無意味。男子教育のために女子教育は必要

［ ］は筆者が補足（防長新聞、1902年10月28日）。

それゆえ、ヒューズは日英同盟下における西欧と対等なる科学的な女子教育の必要性を説きつつも、「男子教育のための女子教育の必要性」を主張するもので、端的に言えば、英国流良妻賢母主義の伝授であった。

地方都市を巡るだけでなく、彼女は東京でも積極的に講演を行い、視察活動にも取り組んだ。成瀬仁蔵が1901年に開校した日本女子大学校を1901年9月28日に訪れ（大野、1989：327、335）、嘉納治五郎が校長を務めていた東京高等師範学校では十数回以上の講義を行った。

多くの講演内容は記録され、出版された。彼女が日本にもたらしたフェミニズムを理解する上で、日本で出版されたヒューズの論稿は特に重要である。それらの論稿に共通して言えることは、英国におけるスポーツとジェンダー空間の細分化を示した表1におけるⅡとⅤの空間の身体運動が学校スポーツとして推奨されている点である。しかも、Ⅴのスウェーデン体操が正課体育の中で行う女子にとって最も重要な身体運動であると位置づけ、次いで、Ⅱの課外体育を推奨している（Hughes, 1901a; Hughes, 1901b; Hughes, 1902a; Hughes, 1902b; Hughes, 1902c）。

また注目すべき点は、『國士』に掲載された「英国学生の倫理的理想」の内容である（Hughes, 1902d; Hughes, 1902e）。ヒューズによる“The Ethical Ideal of the English Public School Boy”「英国学生の倫理的理想」の論旨は、これまで英国におけるスポーツと男らしさの関係を明示する上で用いられてきたジェントルマンの理想像にほかならない（Mangan, 1981; 1986; 1987）。

それらは、今日的にみれば、いわゆるジェンダー・バイアスを補強する男らしさの奨励である。それにもかかわらず、女子教育の先駆けをなした教育家、ヒューズが、帝国主義的な男性の理想像を日本社会に紹介したのはなぜなの

か。その答えは以下のようにまとめることができる。

むすび

　ヒューズの訪日は、日英同盟期の文化的影響を伝えている。それにもかかわらず、本稿の冒頭で示した１８８６年の秋に結成されたグリムズビー女子フットボールクラブの結成が日本に影響を与えなかったのはなぜなのか。また、なぜヒューズは男らしい理想的な紳士のあり方を英国流良妻賢母の思想と同時に日本に推奨したのか。

　表１における英国における女性スポーツに関する分析は、階層空間によって異なる経路が存在したことを示すものであった。つまり、ヒューズの訪日は英国中流階級が教育を通じて浸透させようとした理想の女子教育にほかならず、労働者階級の女性のスポーツ参与のあり方や特権階級の女性のスポーツ参与を促すものではなかった。この中流階級的な女性像と女子のためのスポーツ空間が、近代日本にもたらされたということが極めて重要である。具体的なスポーツ場面に即して言えば、ⅡとⅤに示した学校スポーツを日本に伝えるものであったと言える。

　また、当時最先端のフェミニズム教育を推し進めていたヒューズが、英国におけるエリート男性の倫理観や男らしさの概念を日本に紹介する必要があったのは、次のような時代の精神に迎合していたためであったと考えられる。日清戦争を経て、外国からの脅威に対し、日本は大英帝国を参照としながら、西欧列強に対峙できる帝国主義政策を推し進める必要があった。そこで重要とされたのが中等教育機関によって生成された男女の理想像であり、深谷昌志が述べているように、男子は質実剛健、女子は良妻賢母であった（深谷，１９９８：11）。これらは紛れもなく英国における中流階級の理想像を日本的解釈の中で受容したものである。日露戦争という相次ぐ外国からの脅威によって、英国由来の理想像はナショナルな語りの中に回収されていく。それらは高まるナショナリズム、文化ナショナリズムの下で、儒教道徳が関与した伝統であったかの方向性を加味した修辞をなした。ゆえに英国紳士がスポーツ教育を通じて培ったアスレティシズムの下で理想とされた「シンプル・マンリネス」の翻訳が「質実剛健」といった形容の下でもたらされ、英国における「家政の女王」も「良妻賢母」として理解されたと考えられる。これらは、エリック・ホブズボウムやテレンス・レンジャーのいうまさに「創られた伝統」（Hobsbawm,1983: 1-14）であった。

　それゆえ、ジェンダーとスポーツに関する問題は、英国と日本という二国間の比較史以上の意味をもつ。繰り返し述べるように、英国における男子のエリートスクールにおけるスポーツ教育思想、アスレティシズムの中で奨励された男らしさの規範＝シンプル・マンリネスは、日本においても、質実剛健の思想、新武士道、創られた武士道の形で受容されている（Ikeda, 2014: 1933）。これと併行し、大英帝国の母・婦人の理想、家庭の女王は良妻賢母として理解され、女子の中等教育機関における重要な教育理念となった。後者は、女子における中等教育機関への門戸を開いた初期のフェミニズムであった。それゆえ、女子の中等教育機関を貫いた教育理念は帝国主義政策に基づく保守的なフェミニズムであり、男女共に、英国中流階級のエートスにその理想が求められていた。こうした時代の精神から「価値自由」になれるほど、ヒューズは時を超えた女性ではなかった。英国においても質実剛健と良妻賢母はひと括りの時代の精神として理解されていたのであり、それが日本にも波及した。

最後にヒューズによって推奨されることのなかった女子サッカーに話を戻したい。労働者階級の女性が歴史的にどのようにスポーツに関与してきたのかは、ヴィクトリア時代以前の前ヴィクトリア時代から捉えて考える必要がある。この時代の民衆スポーツと20世紀に開花する労働者階級のスポーツには水面下で継続性があった。

それゆえ、女性とスポーツの問題は、19世紀末から20世紀初頭にかけて浸透した中流階級による帝国主義的な教育政策を通じて広められたフェミニズムの経緯を追うだけでは不十分である。その前史においては、ヴィクトリア時代の良妻賢母とは異なる価値観で女性がスポーツの世界に関与していた（池田、１９９６a：１９９-２０１）。筆者が２０１０年に大英図書館を訪れた際、偶々出会った「St Pancras」というタイトルの個人が寄贈したスクラップブックの中に、１８０７年9月11日にロンドンで行われたボクシング試合のことが書かれている。その試合では女性がセコンドを務めていた。最後にこの記事を翻訳し、本稿を閉じたいと思う。この記事は、女性とスポーツの関係史のルーツが19世紀末の労働者階級のサッカーに潜在的なエネルギーを与えていたこと、中流階級のブルーマーズ型とは異なる経路が２００年以上前から存在していたことを伝えている。下線部は極めて興味深い記述であるように思われる。女性とスポーツの関係史は今後も引き続き耕す価値がある。

肉屋のジョージ・カーマンはニューポートマーケットで喧嘩を売られ、６人の屠殺業を営む男たちと2ギニーを賭けて闘うことになった。指定された時刻になると、この不公平な1対6人の試合の話を聞きつけた治安官たちが試合を阻止しようと現れたので、リングはチョークファーム［ロンドン内の地名］に移動することになり、カーマンはすでに入場していた。しかもカーマンの妻が勇ましい姿で大胆にもセコンドとして現れ、敵陣の妻たちもまたそこに集結し、その場に集まった女性陣の数は男性陣の2倍に及んでいた。試合が始まると、1時間でカーマンは6人を打ちのめし、2ギニーは彼のものとなった。歩けなくなるほど闘ったカーマンは友人たちに抱えられ、大勝利を称えられながら、帰宅した。その場に集まった女性たちの振る舞いはあっぱれであった。歴戦の格闘家の冷静さに女性たちの勇気が加わり、リングのマナーは守られた。勝者は受けた殴打により危機一髪の状態となったが、それにしても見事な闘いであった。

(Anon., Sep. 11th 1807, a scrap in ST. PANCRAS No.2)

（北海道大学）

【文献】

Anon. (1807) A scrapped article in: (cc.1800-1836) *ST. PANCRAS* No.2, London.

BBC News Leeds 版（2012.2.2）daily newsletter: http://www.bbc.com/news/uk-england-humber-16814902

防長新聞、１９０２年10月28日付。

Bottrall, Margaret (1985) *Hugh's Hall 1885-1985*, Rutherford Publications.

深谷昌志（１９８１［１９９８］）『良妻賢母主義の教育』（『増補良妻賢母主義の教育』１９８１の復刊）黎明書房。

Hargreaves, Jennifer (1994) *Sporting Females: Critical Issues in the History and Sociology of Women's Sports*, Routledge.

広田照幸（１９９１）「学校文化と生徒の意識」天野郁夫編『学歴主義の社会史：丹波篠山にみる近代教育と生活世界』有信堂、１３６‐１５２頁。

Hobsbawm, Eric (1983) "Introduction: Inventing Traditions" In Eric Hobsbawm, Terence Ranger eds., *The Invention of Tradition*, Cambridge（E・ホブズボウム　T・レンジャー（編）前川啓治・梶原景昭他訳(１９９２)『創られた伝統』紀伊国屋書店。共に参照）.

Holt, Richard (1989) *Sport and the British: A Modern History*, Oxford University Press.

Hughes, E. P. (1901a) "Physical Exercise of Women I"「論説：女子の身体操練（上）」大日本女学会『をんな』１‐10：１‐８。

Hughes, E. P. (1901b) "Physical Exercise of Women II"「論説：女子の身体操練（下）」大日本女学会『をんな』１‐11：１‐６。

Hughes, E. P. (1902a) "Modern British Ladies I"（安井哲子訳）「近世の英国婦人」大日本女学会『をんな』２‐２：10‐17。

Hughes, E. P. (1902b) "Modern British Ladies II"（安井哲子訳）「近世の英国婦人」大日本女学会『をんな』２‐３：24‐29。

Hughes, E. P.（1902c）翻訳「體操法に就て」（１９０２年５月24日開催、日本體育会における講演を収録）『體育』同文館、第１０３号、１‐10。

Hughes, E. P. (1902d) "The Ethical Ideal of the English Public School

Boy", 『國士』5-41：4-7.

Hughes, E. P.（1902e）邦訳「英国学生の倫理的理想」『國士』5-42：6-9.

池田恵子（1996a）『前ヴィクトリア時代のスポーツ：ピアス・イーガンの「スポーツの世界」』不昧堂。

池田恵子（1996b）「トピックス「ブルマ」の歴史」越野立夫・武藤芳照・定本朋子（編）『女性のスポーツ医学』南江堂、9-10頁。

池田恵子（2002）「第1章　ジェントルマン・アマチュアとスポーツ：一九世紀イギリスにおけるアマチュア理念とその実態」望田幸男他監修　シリーズ　ヨーロッパの探究第8巻、『スポーツ』ミネルヴァ書房、4-39頁。

Ikeda, Keiko (2010) " *'Ryōsai-kembo'*, 'Liberal Education' and Maternal Feminism under Fascism : Women and Sports in Modern Japan", *The International Journal of the History of Sport*, 27-3: 537-552.

Ikeda, Keiko (2014) "British Cultural Influence and Japan: Elizabeth Phillips Hughes's Visit for Educational Research in 1901-1902", *The International Journal of the History of Sport*, 31-15: 1925-1938.

Lopez, Sue (2001) "Soccer", *International Encyclopedia of Women and Sports*, 3: 1061-1071, Macmillan Reference USA.

Mangan, J.A. (1981) *Athleticism in the Victorian and Edwardian Public School*, Cambridge University Press.

Mangan, J.A. (1986) T*he Games Ethic and Imperialism: Aspects of the Diffusion of an Ideal*, Harmondsworth, Viking Penguin Books Ltd.

Mangan, J.A. (1987) "Social Darwinism and upper-class education in late Victorian and Edwardian England", James Mangan and James Walvin (eds), *Manliness and Morality: Middle-class Masculinity in Britain and America, 1800-1940*, Manchester University Press, 135-159.

二階堂清寿、戸倉ハル、二階堂真寿（1957）『二階堂トクヨ伝』不昧堂。

西村絢子（1981）「二階堂体操塾（日本女子体育大学）の創設者」女性体育史研究会編『近代日本女性体育史：女性体育のパイオニアたち』日本体育社、151-176頁。

大野延胤（1989）「E. P. Hughes in Japan (1901-1902)」『文学部研究年報』（学習院大学）、第36号、323-346頁。

Treagus, Mandy (2010) "Playing Like Ladies: Basketball, Netball and Feminine Restraint", *The International Journal of the History of Sport*, 22-1: 88-105.

上野千鶴子（1998［2001］）、『ナショナリズムとジェンダー』青土社。

Williams, Jean (2003) *The Games for Rough Girls?* : A History of Women's Football in England, Routledge.

吉田文（2000）「高等女学校と女子学生—西洋モダンと近代日本」青木保ほか（編）『近代日本文化論　第8巻　女の文化』岩波書店、123-140頁。

特集　女性スポーツの現在

ハラスメント・暴力・スポーツ
―セクシュアル・ハラスメントの可視化がめざすもの―

熊安貴美江

「暴力根絶」対策の中で見えにくい「セクシュアル・ハラスメント」

スポーツ環境において、暴力的な行為は長い間生じ続けてきたが、それは「指導行為」の一環として不可視化され、あるいは隠蔽されることによって、スポーツにおける重要課題として十分に対応されてこなかった。２０１１年から13年にかけて発覚した性暴力を含む一連の暴力事件（1）後、文科省やスポーツ関連組織等によって「暴力」の根絶が叫ばれ、あらためて防止対策への着手が始まった（2）が、多くの場合、「セクシュアル・ハラスメント」は禁止行為の一項目として、単に「やってはいけないこと」のリストに並べられるだけのように見える。來田が指摘するように、「スポーツにおける暴力がこれだけ社会問題化しても、ＳＨ（セクシュアル・ハラスメント：筆者註）は未だ直視されていない暴力である可能性が高い」（來田、２０１３：71）。

セクシュアル・ハラスメントの見えにくさ

「セクシュアル・ハラスメント」とはそもそも、当事者同士の権力関係や信頼関係ゆえに、不快であってもそうとは明言できない性的言動を概念化するために生まれたことばである。加害者にとっても被害者にとっても明らかに「加害行為」と認識されにくい状況の中でそれは生じるため、双方の当事者にとっても、周囲の者にとっても見えにくい。それはセンシティブなセクシュアリティにかかわる要素を持ちつつも、明白な脅迫形態をとらないで継続的に進行する性的搾取の行為であり、牟田によれば、加害者（＝ハラッサー）は、自身のもつ権威や自分への信頼が相手を沈黙させていることに理解が及んでいないことも多い（牟田、２０１３）。性的被害に遭った者が勇気を振り絞って訴え出たとしても、二次被害を受けてさらに傷つくケースが多く、その環境の中で総じて立場の強い者（所属しているスポーツ組織そのものやその意思決定者、指導者、上級生、男性、性的マイノリティでない人々など）の権利が優先され、被害者の方が責められて孤立させられる傾向が強い。セクシュアル・ハラスメントのように、性に基づく一見「強要」に見えにくい権力作用は、とりわけ強いジェンダー構造に支えられたスポーツ環境においては、看過されやすく、問題を立てて見ようとしなければ、見えてこないものである。

男性指導者や、男性チームスポーツ集団による女性への性暴力など、事件化され報道された事例は後を絶たないが、被害者が訴えを起こして表面化する事例はまだまだ氷山の一角であろう。後述するように、このような事件が性差別的な環境の中で一連の「性的搾取の連続性」（IOC, 2007）の帰結として現れるとするならば、それが生じうるプロセスにおいて、あらゆるスポーツ関係者によってリスクを避けるための理解と合意が形成される必要がある。事件化に至らない日常的なスポーツ環境において、どのように見えにくい権力が作用しているのかを理解し共有することなしに、性的な抑圧や搾取が常態化しているスポーツ環境の改善は進まないだろう。

本稿では、スポーツ環境において女性競技者たちが経験したセクシュアル・ハラスメントの問題点をデータに基づいて踏まえつつ、それを不可視化するスポーツのジェンダー構造について考察し、セクシュアル・ハラスメントの可視化がめざすべきものを考えたい。

ハイレベル女性競技者が経験するセクシュアル・ハラスメント

セクシュアル・ハラスメントは、単に加害者個人の倫理的資質に基づいて突発的に生じる他者への権利侵害などではなく、図1に示すように、ある環境における一連の「性的搾取の連続性」(IOC, 2007)の中に位置づけて考えられている。性差別的な環境それ自体が、セクシュアル・ハラスメントを生じやすくさせ、それが見過ごされやすいことでさらに深刻な性被害につながっていく。つまりそれは、構造的に生じる性的搾取行為である。

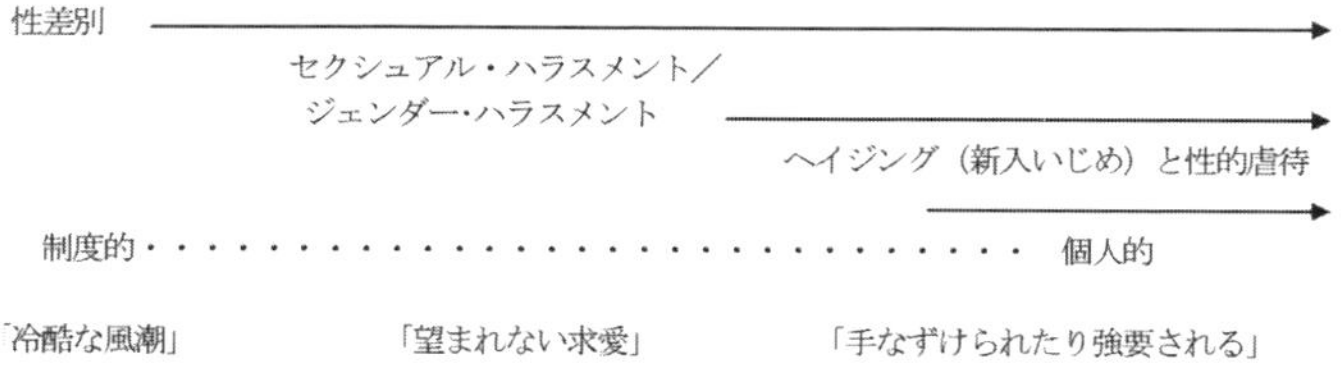

図１　性的搾取の連続性　原典：Brackenridge（1997）より改変

男女大学生に対するセクシュアル・ハラスメント調査に基づいた分析では、体育会運動部や体育・スポーツ系学部といったスポーツ集団に所属する者はセクシュアル・ハラスメントに関して寛容であり、「スポーツ組織に特有の権力構造や価値体系、慣習」といった「組織規範に社会化されることによって」、セクシュアル・ハラスメント認識が低くなることが指摘されている(高峰ら、２０１１：40)。つまり、現在のところスポーツという組織文化は結果的に、男女にかかわらずセクシュアル・ハラスメントに許容的な価値観を生み出していると考えられるのである。

以下では、筆者らが行なった調査(3)をもとに、女性競技者たちによってセクシュアル・ハラスメントがどのように経験されているかを見てみたい。調査自体は２００７年から08年に行われたものであるが、セクシュアル・ハラスメントの現れ方を知ることは、現在及び将来のセクシュアル・ハラスメントに対する理解に資すると考える。この調査では、全国大会以上のハイレベルな現場で活動する指導者と競技者に、男性指導者から女性競技者に対して行われる15項目のセクシュアル・ハラスメント的行為に対する評価やその受容、経験などをたずねた。表1に質問項目を示し、図2に、各行為に対して「適切である」「そのような行為を男性指導者にされた場合、受入れられる」、「経験あり」と回答した女性競技者の割合を示した(図中では「競技者」を「選手」と記載し、セクシュアル・ハラスメントをＳＨと記載している。以下、同様)。

セクシュアル・ハラスメントは行為を受けた本人がそれを不快と感じるか

否かがひとつの判断基準となるため、これらの行為を経験した者の内、これらを不適切あるいは受入れられないとする者の割合を「セクシュアル・ハラスメント（SH）経験」とみなし、図3に示した。

図3の項目ごとのグラフの高さは、その行為の経験割合を示し、項目ごとの2本の棒グラフの左は評価の内訳（適切でない／適切である）、右は受容の内訳（受入れられない／受入れられる）を示している。各棒グラフの上部の塗りつぶし部分（%表記）が、適切でない、または受入れられないこと＝つまりセクシュアル・ハラスメントとして経験された割合を示している。

①の「性的な言動・接近」としてグループ化された行為群の結果から読み取れることは、適切とは思えない行為をいかに多くの女性が経験し、受容を余儀なくされているかという事実である。実際にこうした行為を経験した者の内、3~5割は、これを不適切もしくは受入れられない行為、すなわちセクシュアル・ハラスメントとして経験しており、彼女らがいかに性差別的な環境に甘んじているかがわかる。指導環境で不適切で受入れられない性差別的な言動が生じていても、それが彼女らをめぐる日常の一部であれば、それをいちいち問題視していては競技を続けられなくなる。女性競技者は黙って耐え、やり過ごすことで、自らの感覚を鈍化させているのではないだろうか。

一方、②の「指導関連言動」については若干傾向が異なり、比較的多くの女性競技者がこれらの行為を適切なこととして受入れ、また経験している。しかし、そのうち約1~3割の女性たちが、これらを不快なこと＝セクシュアル・ハラスメントとして経験しているのも事実である。事件化した多くのセクシュアル・ハラスメント事例には、マッサージやテーピングを口実にしたわいせつ行為があるが、競技者との身体接触や閉鎖的空間への呼び出しなどが日常

表1　男性指導者から女性競技者に対するセクシュアル・ハラスメント的行為

1）容姿に関する発言をたびたび言う
2）二人きりの食事にたびたび誘う
3）ひわいな言葉や冗談を言う
4）性的な経験や性生活について質問する
8）からだをじろじろ見る
11）女子更衣室に入る
13）遠征や合宿先で同じ部屋に泊まる
5）月経について質問する
9）挨拶や励ましのためにからだにさわる
10）マッサージでからだにさわる
12）他に人がいない部屋に一人だけ呼び出す
6）カラオケでデュエットをさせる
7）飲み会でお酌をさせる
14）恋愛関係になる
15）性的関係をもつ

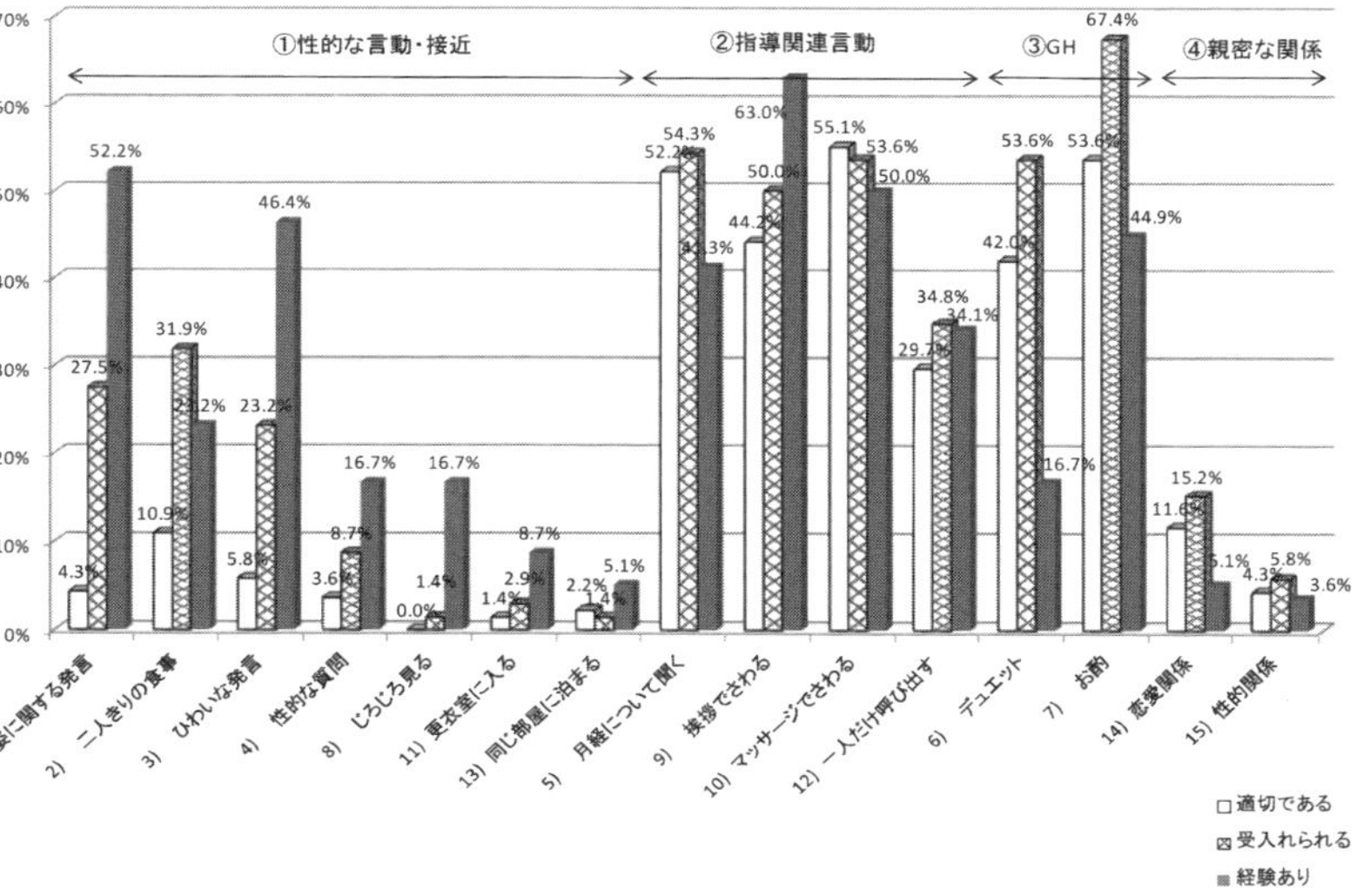

図２　ハイレベル女性選手のＳＨ的行為に対する評価・受容・経験
ただし、全項目回答者を母数とする（n=138）

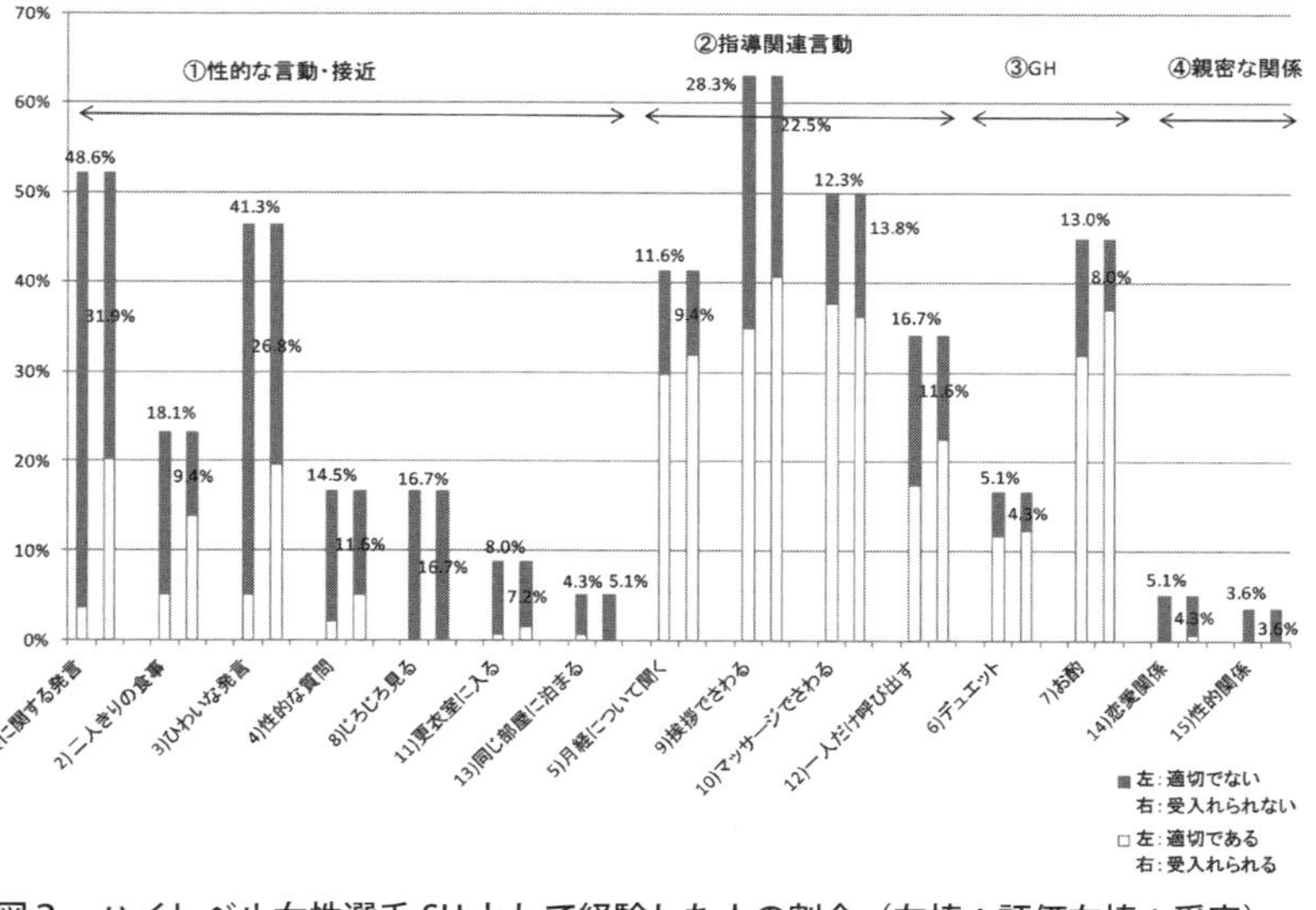

図３　ハイレベル女性選手 SH として経験した人の割合（左棒：評価右棒：受容）
ただし、評価・受容・経験の全項目回答者を母数とする（n=138）

的に許容されがちなスポーツ指導環境においては、動機を持つハラッサーにとって、競技者に対する性的侵入はより容易になる。指導者からの個別呼び出しに対して、競技者が簡単に「ノー」と言えない現状にあるからこそ、こうしたグレーゾーンにおける行為の適切さを、性的搾取のリスクという観点から考えることのできる視点が共有されなければならない。

③の「GH」はジェンダー・ハラスメントになりうる行為である。男性指導者が女性競技者に「デュエットをさせる」「お酌をさせる」という、社会の中で性役割として女性に期待されてきた行為であるが、行為群①でみた「性的な言動・接近」と同様、彼女らの受容度は高く、ジェンダー規範に従順な様子がうかがえる。しかし、実際のところ、これらの行為を経験した者の内、5～13％程度は、それを不適切なこととして受けているのである。

また、④の「親密関係」では、1割を超える女性競技者が、男性指導者と恋愛関係になることを、また4・3％が性的関係をもつことを、適切なことと考えている。男性指導者に対する同じ質問では彼らも同様に、約1割（恋愛関係）と約3％（性的関係）が、女性競技者との個人的な関係を適切なことと考えていた（熊安ら、2011：24）。このことは、権力関係にある両者の親密な関係に対する、スポーツ環境内のリスク意識の問題としてとらえられる必要がある。

スポーツ環境内での個人的に親密な関係が常に問題となるわけではないが、組織内での両者の権力差が大きい場合、性的搾取のリスクはより高まる。ブラッケンリッジはこの経過をグルーミング理論を用いて説明し、加害者が被害者を周到に手なずけ、両者の個人的な境界線を徐々に縮めていくことによって、性的行為あるいは性交に逆らえないような関係に導き、行為に及ぶことを性的虐待と呼んでいる（Brackenridge, 1997）。上記の調査で男性指導者と「性的関係」をもったと回答した女性競技者は全員が、それを不適切かつ受入れられないこととして経験していた。この調査からは、その関係にいたるプロセスは不明であるが、競技者からの信頼や尊敬、それに基づくあいまいな沈黙、もしくは自分をよく指導してほしいという競技者からの思いを、権威者である指導者が「恋愛感情」と本気で誤解することも状況としてはありうると考えられる（牟田、2013）。

しかし、一見「合意に見えるかもしれない」関係には常に危うさが潜んでいる。大きな権力差のある当事者同士の間では「合意の有無」が意味をなさないことを、スポーツ内外の権威者も関係者も理解していなければならない。

たとえばオーストラリア・スポーツ・コミッション（ＡＳＣ）が例示する国内スポーツ組織内のメンバー保護指針のひな形には、以下のような記載がある。

コーチや役員と、指導を受ける成人競技者との間の合意による親密な関係は避けられるべきである、との立場を私たちは取っています。なぜなら、そうした関係は、当該競技者やほかの競技者、コーチ、およびスポーツの公的なイメージに対して有害な影響を及ぼしうるからです。このような関係は、コーチや役員と相手の競技者との間の、権威や権力、成熟度、地位、影響力や依存度の差異によって、搾取的なものになりうるのです（ＡＳＣ、２０１５：９）。

その上で同指針では、もし両者の間に親密な関係が生じている場合、それがすべての関係者にとっての信頼や公正を損なっていないかを評価するために、様々な観点が挙げられ、注意が喚起されている。それはむしろ、権威者サイドがそうした一線を越えないようにするための戒めとして読まれるべきであろう。

上記にあげた調査結果のもうひとつの重要な点は、女性競技者のセクシュアル・ハラスメントに対する認識が、総じて男性指導者よりも許容的な傾向を示していたことである（熊安ら、２０１１）。これは、男性指導者がセクシュアル・ハラスメントに対してより高度な認識をもっているというよりはむしろ、女性競技者が「権力に対して従順に対応することで、あるいは権力に諦観することによってスポーツの場で生きながらえてきた（高峰、２０１３：１６１）」ことの証左であり、異議申し立てのできない競技の世界での「生き残り戦略（同上）」としてとらえられよう。権威をもつ者が、そのことにいかに自覚的になれるかが問われているのである。

人権意識が育まれにくいスポーツ環境

筆者らは、前記の調査で同時に、指導者の競技者に対する暴力的な行為についてもたずねた。ここでそのデータを紹介するのは、スポーツ指導環境において日常的に生じる権力作用が人権意識そのものを低下させ、セクシュアル・ハラスメントの不可視化をよりいっそう強めていると想像されるからだ。スポーツ指導において生じる暴力的行為を、指導関係におけるより広範な権力作用として理解するために、指導者による有形力の行使(身体的暴力)のみならず、身体的・精神的苦痛を与える行為や指導者への奉仕の要求なども含めてたずねることで、指導者と競技者との間にどのような人間関係や価値観が形成されうるのかを考えてみたい。

表2に質問項目をまとめ、図4に、指導者から競技者への12項目の暴力的行為に対して、「適切である」、「受入れられる」、「経験あり」と回答した競技者の割合を、図5に、「経験あり」とした者の男女別割合を示した。

図4から、すべての行為を2~6割弱もの競技者が経験しており、指導の名のもとにいかに多くの形態のハラスメント(尊厳を奪う、もしくは権力を押しつける)行為が行われているかがわかる。

①にグループ化した「身体的暴力」においては、「たたく」「なぐる」「蹴る」などの暴力的行為を「適切」と思うよりもはるかに多くの競技者が経験している。「受入れられる」とする者の割合の多さは、こうした行為に対する競技者の甘受の傾向を示すものであり、指導関係内で支配—服従という受容の心性がもたらされていると解釈できるだろう。②の「身体的・精神的苦痛」に分類した行為は、競技者たちにとっても決して肯定されない行為であるにもかかわらず行われ、苦痛を与えることで競技者の尊厳を奪い、自尊心を傷つけるものである。③の「奉仕と罰」に見られる指導者への奉仕や罰の経験や受入れの多さは、競技者を私物化する取込みの行為であり、また罰による見せしめによって抵抗の意思をくじく結果をもたらすのではないだろうか。

こうした権力の作用は男女双方の競技者によって経験されているが(図5)、特に「平手でたたく」「拳でなぐる」「足で蹴る」という3つの身体的暴力行為は、女性競技者よりも男性競技者に対してより多く行われており、またこれらの行為をする指導者の割合は、総じて女性よりも男性の方が高い(熊安、2014)。

表2　指導者から競技者に対する暴力的行為

3）平手でたたく
4）拳でなぐる
5）足で蹴る
6）モノでたたく
7）ボールなどを投げつける
10）水を飲ませない
11）人格を否定するような言葉を言う
12）存在を無視する
1）指導者の身の回りの世話をやらせる
2）指導者のマッサージをさせる
8）罰としてランニングなどの長時間のトレーニングをさせる
9）罰として正座をさせる

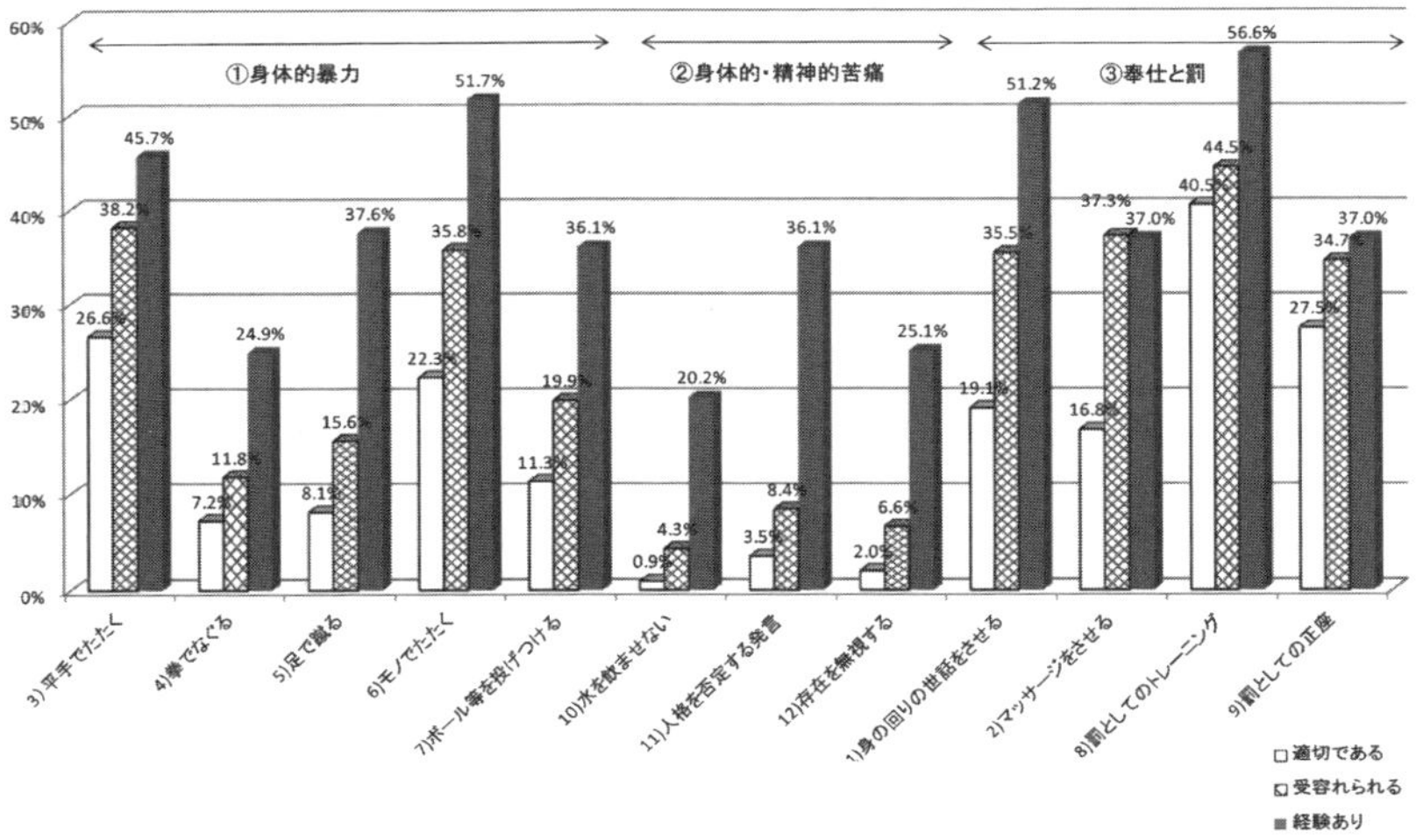

図４　暴力的行為に対する評価／受容／経験（ハイレベル選手全）

ただし、全項目回答者を母数とする（n=346）

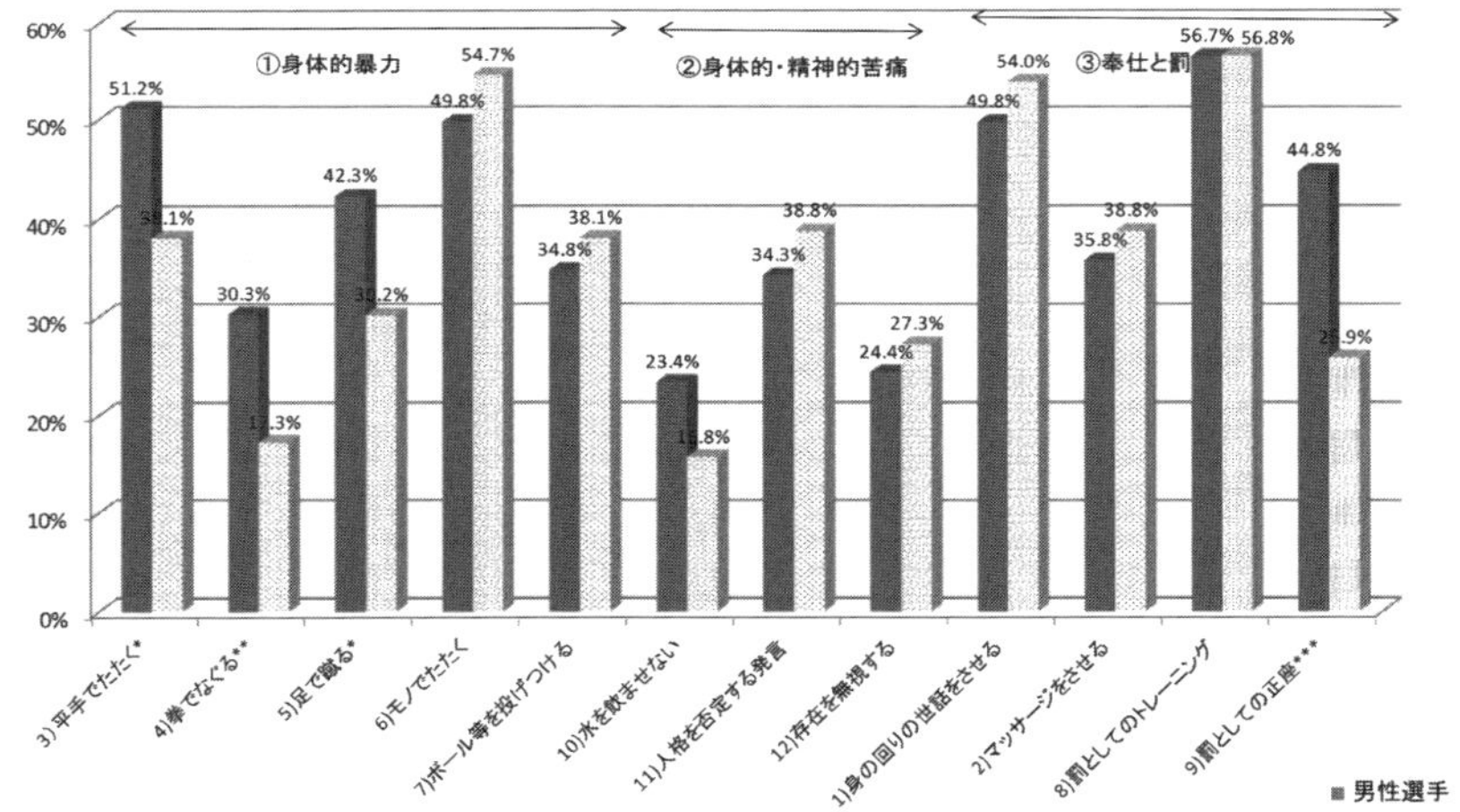

図５　暴力的行為を受けた経験あり（ハイレベル選手男女比較）

ただし、全項目回答者数を母数とする（男性 n=201、女性 n=139）

そして、ハラスメントが蔓延しているとも言えるこのような環境においてもなお、競技者たちは概して、指導者よりもこれらの行為に対して許容的な傾向を示していた（熊安ら、２００９）。全国大会や国際大会での競技達成を目標とするハイレベルな現場であれば、競技力向上実績のある指導者を競技者自らが選択する場合も多く、そこでは指導者の権限は絶対だ。日常的に上意下達の権力が作用し、競技者たちがこれを受入れざるを得ない環境では、競技者の尊厳は軽視され、目指される競技達成とは裏腹に、無力化された存在が育てられてしまう。こうした環境に長くとどまっているうちに、権力による他者への侵入を許容する心性が生まれ、やがてスポーツ環境全体に、人権侵害を認めにくく、暴力やいじめを当然視あるいは黙殺する土壌が形成されていくのではないだろうか。

異性愛主義に支えられた男性支配構造の問い直し

スポーツ指導の現場で、上位の者の支配に対する受容の心性をもたらし、セクシュアル・ハラスメントの発生とその不可視化を支える背景には、ヒエラルキーを内在したスポーツの男性中心主義が大きく影響している。

２０１３年初め、全日本柔道女子国際強化選手らの告発により、指導陣の暴力・ハラスメントが明るみに出て、社会に大きな衝撃を与えた事実は記憶に新しい。ハイレベルの競技者がいかに暴力的な環境下にあるかが、あらためて白日の下にさらされたできごとだった。しかし、選手たちの代理人となった辻口弁護士らの記述によると、彼女らが勇気ある告発に踏み切ったとき、「男性選手についても同様あるいはそれ以上の問題があったかと聞いていましたが、不思議なことにそれは明らかになりませんでした」（辻口ら、２０１３：１０６）とある。溝口氏も「おそらく今回の暴行問題で男子の代表選手15人が訴えたとしても、『根性がない』という精神論で終わってしまい、大した問題にならなかったはずだ」（溝口、２０１３：７-８）と述べている。

周知のようにスポーツの組織構造は男性中心であり、日本の代表的なスポーツ統括組織である（公財）日本体育協会の役員の女性比率は13・３％（２０１５年6月24日現在）、（公財）日本オリンピック委員会にいたっては9・09％（２０１５年7月7日現在）という低率である。中央競技団体（55団体）で女性役員が占める比率も5・0％（２００９年）（日本スポーツとジェンダー学会、２０１３：31）と女性の過少代表が著しく、スポーツは男性支配構造が際立つ分野だ。

縦社会の組織に階層的に組み込まれている男性には、暴力被害を訴えることが「弱音を吐く／弱者である」ことと同一視され、他者に相談しにくい傾向がある。一方で、たとえハラスメントを受けても、ガマンしてやり過ごし実績を積み上げていけば、やがて組織の中で指導者としての地位などを手にする道も用意されている。「男の人には、言ってはなんですけれどラインがちゃんとある」（山口香、２０１５：65）のである。ハラスメントによって自死にさえ追い込まれる男性もいる一方で、ハラスメントに耐えることがステップアップの資源になりうる一面も併せ持っている。告発する女性に対する「沈黙する男性」の図式は、組織の階層性に支えられたスポーツ界の男性中心的構造の反映とも言えるだろう。しかもそれは、男らしさの証明に不可欠な異性愛主義を内包し、女性と男らしくない存在（同性愛男性）を排除する排他的な関係の上に成り立つホモソーシャル（セジウィック、２００１）な絆として、男性同士を強く結びつけている。

しかし近年、スポーツ界でこれまで不可視化されてきた同性愛競技者のカミングアウトが注目されるようになり、これまで異性愛男性が構築してきた性的支配の秩序が疑問視され始めてきた。また、日本では周知されていないが、「ヘイジング（新入りいじめ）」という概念（図1参照）も、ＩＯＣ（国際オリンピック委員会）の「セクシュアル・ハラスメント&性的虐待」に関する専用サイトに位置づけられている（IOC Homepage）。ヘイジングとは、男性チームスポーツへの入会儀式として「新入り」に対して行なわれる、性的な辱めを含めた虐待的な暴力行為であり、男性組織内の序列を再確認させ、維持するためのメカニズムと分析されている（Lenskyj, 2004）。こうした認識が広まることで、周辺化されてきた男性もまた被害者であることに気づき、性的支配秩序の構築性を問う視点が共有されることが望まれる。

おわりに

諸外国で先進的に取り組まれてきた女性競技者のセクシュアル・ハラスメント経験の可視化は、スポーツにおける男性中心主義的な性の支配構造の問い直しにつながってきた。さらにセクシュアル・ハラスメントへの包括的な理解が進むことで、女性だけでなく、脱中心化され周辺化されてきた男性や、多様な性的指向や非典型的な性別または性自認をもって生きる性的マイノリティと名指される人々に対する差別への気づきがもたらされつつある。

日本では、女性がスポーツにおいて被るセクシュアル・ハラスメントの可視化さえ十分に進んでいない状況であるが、「すべて」の人々に開かれるべきスポーツから、だれが疎外され、周辺化され、不可視化されているのか、それを監視していくことが、スポーツ組織だけでなく、スポーツの環境をつくりあげる私たちひとりひとりの重要な課題であると言えよう。

その意味で、セクシュアル・ハラスメントの可視化は、女性競技者の環境改善にのみ資するものではなく、スポーツにおいてより広範に作用する性的支配の形態を可視化し、スポーツ文化そのものの変化をもたらすための環境整備への不可欠な一歩である。

（大阪府立大学）

【註】

（1）大学女子柔道部男性コーチ（元五輪金メダリスト）による部員に対する性暴力や、高校運動部活指導者による暴力指導を一因とする部員の自死、全日本柔道女子国際強化選手による、暴力的指導への告発など。

（2）例えば、（公益財団法人）日本オリンピック委員会（ＪＯＣ）は、傘下の競技団体や指導者・選手を対象にした調査を実施するとともに、２０１３年３月19日に相談窓口を弁護士事務所に開設した。（公財）日本体育協会は２０１３年７月24日に『スポーツ指導者のための倫理ガイドライン』を作成したが、内容には性的指向や性自認、性的虐待も含まれ、構造的問題にも触れる記述があり、指導倫理をチェックするリストなども含まれている。一方、文部科学省も「スポーツ指導における暴力行為等に関する相談を受け付ける第三者相談・調査制度」を（独立行政法人）日本スポーツ振興センター（ＪＳＣ）に設置し、同センターは２０１４年１月10日にトップ競技者に対する相談受付を開始した。しかし、15年３月末までの１年余りで相談件数は４件にとどまり、その実効性には疑問が投げかけられている（朝日新聞デジタル、２０１５）。

（3）質問紙調査は、２００７年９月〜２００８年８月にかけておこなわれた。３７３４名の指導者と19歳以上の選手１１６２名に対して調査票が配布され、回収数（回収率）は、指導者１４０６部（３７・７％）、選手４１８部（３６・０％）であった。このうち、全国レベル以上で活動する指導者６６４名（男性５７７名、女性８７名）と選手３５３名（男性２０９名、女性１４４名）を分析対象とした。（なお、セクシュアル・ハラスメントは男性から女性に対してのみ行われる行為ではないが、本調査では、最も典型的に生じている男性指導者から女性競技者に対する行為を想定して質問項目を作成した）。

【文献】

朝日新聞デジタル（２０１５）『ＪＳＣへの暴力相談、４件どまり「個人特定の恐れか」』朝日新聞デジタル、２０１５年５月27日版（２０１５年８月20日）。http://digital.asahi.com/articles/ASH5T-2G6XH5TUTQP005.html

ASC (Australian Sports Commission) (2015) Member Protection Policy Template For National Sporting Organisations Version 8, ASC homepage (16 September, 2015)

Brackenridge, C.H. (1997) "'He Owned Me Basically…' Women's Experience of Sexual Abuse in Sport", *International Review for the Sociology of Sport*, 32 (2): 115-130.

IOC (International Olympic Committee) (2007) Consensus Statement, Sexual Harassment and Abuse in Sport, IOC homepage (20 September, 2015)
http://www.olympic.org/assets/importednews/documents/en_report_1125.pdf

IOC (International Olympic Committee) Sexual Harassment and Abuse in Sport, IOC homepage (22 September, 2015)
http://www.olympic.org/sha

（公財）日本体育協会（２０１３）『スポーツ指導者のための倫理ガイドライン』日本体育協会ホームページ（２０１５年９月20日）
http://www.japan-sports.or.jp/portals/0/data/katsudousuishin/doc/gaidorain.pdf

熊安貴美江・飯田貴子・太田あや子・高峰修・吉川康夫（２００９）「スポーツ指導者と競技者のセクシュアル・ハラスメントに関する認識と経験の現状と特徴」平成18～20年度日本学術振興会科学研究費補助金（基盤研究（C）１８５１０２３３）研究成果報告書。

熊安貴美江・飯田貴子・太田あや子・高峰修・吉川康夫（２０１１）「スポーツ環境における指導者と選手の適切な関係：セクシュアル・ハラスメントに関する男性指導者と女性選手の認識と経験」日本スポーツとジェンダー学会（編）『スポーツとジェンダー研究』９：19‐32頁。

熊安貴美江（２０１４）「スポーツにおける暴力／セクシュアル・ハラスメント：見えにくいハラスメントの現状と課題」大阪府立大学女性学研究センター『第17期女性学講演会　女性学・ジェンダー研究の現在』１２７‐１５３頁。

Lenskyj, J. H. (2004) "What's Sex Got to Do with It?: Analyzing the Sex Violence Agenda in Sport Hazing Practices", Jonson, J. and Holman, M. (eds) *Making the Team: Inside the World of Sport Initiations and Hazing*, Canadian Scholar's Press Inc., 83-96.

溝口紀子（２０１３）『性と柔：女子柔道史から問う』河出ブックス。

牟田和恵（２０１３）『部長、その恋愛はセクハラです！』集英社新書。

牟田和恵（２０１５）「スポーツ界のセクハラ防止と組織の責任：防止ガイドラインの作成と履行」日本スポーツとジェンダー学会（編）『スポーツとジェンダー研究』13：181‐182頁。

日本スポーツとジェンダー学会（編）（２０１３）『スポーツ・ジェンダー・データブック２０１０』日本スポーツとジェンダー学会。

來田享子（２０１３）「人権に配慮あるスポーツ環境の構築めざして：スポーツの価値を伝える重要性とセクシュアル・ハラスメントへの取り組みから」、森川貞夫（編著）『日本のスポーツ界は暴力を克服できるか』68‐92頁、かもがわ出版。

セジウィック・イヴ・K、上原早苗・亀澤美由紀（訳）（２００１）『男同士の絆：イギリス文学とホモソーシャルな欲望』名古屋大学出版会。

高峰修・飯田貴子・井谷惠子・太田あや子・熊安貴美江・吉川康夫（２０１１）「日本のスポーツ環境における大学生のセクシュアル・ハラスメント認識に及ぼす要因の影響：性別に着目して」日本スポーツとジェンダー学会（編）『スポーツとジェンダー研究』９：33‐41頁。

高峰修（２０１３）「ハラスメントの受容：なぜスポーツの場でハラスメントが起こるのか」『現代思想』11：１５７‐１６５頁、青土社。

辻口信良、岡村英祐（２０１３）「柔道トップアスリートの悩みと苦しみ」森川貞夫（編著）『日本のスポーツ界は暴力を克服できるか』93‐１０１頁、かもがわ出版。

山口香（２０１５）「スポーツ環境におけるハラスメント問題：背景と今後の課題」大阪府立大学女性研究センター『第18期女性学講演会第２部連続講演会　ハラスメントの構造とジェンダー』32‐66頁。

学校体育に埋め込まれたジェンダー・ポリティクス

井谷恵子

学校体育のマスキュリニティ

　運動会や体育大会で行われる「巨大組体操」が話題になっている。組体操は、運動会のメインの演目として行われてきた歴史がある。その組体操が、競い合うように巨大化し高層化しているという。高さが7メートルにも及ぶ10段ピラミッドへの挑戦が続いている学校もある。学校での事故やリスクの研究を進める内田（2015）によると、脊椎損傷や骨折などの重大事故にもかかわらず、多くの学校で継続されているという。その理由として、組体操は運動会での見栄えの良い花形種目として実践されてきたがために、やること自体が前提となってしまうこと、また困難な演技に連帯して挑戦する子どもたちの姿が感動を呼ぶことが指摘されている。

　「巨大組体操」の危険性を考えると、今すぐ禁止、あるいは制限を設けるという意見に異論はない。ここでは、さらにジェンダー視点から「巨大組体操」に込められたマスキュリニティを指摘したい。10段近い「巨大組体操」の当事者は、大半が中学校・高校の男子生徒たちである。リスクを顧みず「巨大組体操」を継続する理由には、彼らが苦しさに耐えて連帯し、目標達成するという感動ストーリーへの期待が躊躇なく表現されている。脚に砂がめり込んでも、身体がみしみし軋んでも苦しさに耐え、その苦しみを共有することで男同士の連帯が強化され、心身ともに「たくましく」育った男子生徒を周囲がこの目で確認することへの共感が継続の原動力と読めるのだ。もし、頑張りや連帯感の醸成を教育的価値として「巨大組体操」を実践する理由に挙げるなら、女子生徒はその期待の対象として端から想定されず、除外されていることになる。

おそらく、この時点で「女子生徒に、男子と同じ『巨大組体操』をさせろというのか」「そんなの無理でしょ」という反論が返ってくるだろう。この時に考えなければならないのは、学校教育の男女平等を推進するにあたって繰り返し確認されてきた性別二元論への問いである。男女はそれぞれの集団に多様性があり重なり合っている。筋力であっても身長であっても、男性平均値より高い女性もいれば、女性平均値より低い男性もいる。男だから女だからというステレオタイプで判断するのはやめて、個人の個性でとらえようとする流れである。組体操に耐えられない、嫌いな男子もいれば、ダンスの集団演技より組体操や騎馬戦が好きな女子もいる。安全性や男女混合で実施することへの配慮は言うまでもなく必要であるが、「男だから」「女だから」という神話的な基準ははるか昔に否定され時代遅れになっている。しかし、学校の体育行事の現実は、むしろ前時代的なジェンダー形成を強めつつあるように見える。

体育とセクシズム

次に体育カリキュラムをジェンダー視点からとらえてみよう。体育・保健体育のカリキュラムにおいて制度上の男女平等が達成されたのは、１９８９年の学習指導要領改訂からである。１９８５年に日本が女性差別撤廃条約を批准したことによる。これ以前は、武道（格技）は「主として男子」、ダンスは「主として女子」とされ、家庭科と共に男女で異なるフォーマルカリキュラムを持つ教科であった。しかし、男女平等カリキュラムが実現した後も、実際に計画され経験されるカリキュラムには、依然として男女の差異が存続している。

高校時代の体育授業で経験した運動領域について、大学生に尋ねた調査（日本スポーツとジェンダー学会、２０１０）では、男子学生の多くは武道を学習しているがダンスについては経験が少なく選択肢さえなかったという答えが少なくない。一方、女子学生では武道とダンスの経験が逆転する。このような差異は、武道・ダンスだけでなく、他の運動・スポーツ種目全体に広く認められた。スポーツや運動種目を選ぶという行為は、教師の側であっても学習者の側であっても、その種目に内包されたイメージや機能への認知とそれに基づいた判断が含まれる。例えば、エアロビクスではシェイプアップされた身体が、ラグビーでは屈強な身体や果敢なタックルがイメージされるかもしれない。運動やスポーツそのものに内在する価値だけではなく、そこに参加することで享受するインフォーマルな教育作用への期待が一体となって運動・スポーツ種目の選択という行為が成立していると考えることができる。

木村（1999）は、学校が男女平等の原則が徹底された場ではなく、「その文化の中にはセクシズム（性差別主義）が浸透し、『かくれたカリキュラム』として子どもたちに教授されている」（68頁）と述べている。学校文化に隠れたカリキュラムとしてのセクシズムは、名列表や男子優先の学校慣習だけでなく、男女別の体育授業や前述の体育行事など教科以外活動にも広く及ぶことが指摘されてきた（木村、1999；井谷、2004）。

アスキュー・ロス（1997）はイングランドの学校における教育実践研究から、学校が男子生徒に男らしさを身につけさせる機能があることを明らかにしている。学校がその国や社会の支配的な価値とイデオロギーを再生産する機能を持っており、その中で男子生徒は「支配的なグループに自らを同一視させることを学び、協調や協力といったことよりも競争や個人主義によって成果を上げ、報いられるという信念体系を習得する」（176頁）と結論づけている。さらに、男子校では競争に高い価値が与えられ、競争的なスポーツなど伝統的に「男性的」と見なされてきた教科や教科内容が重視され、女性やマイノリティの視点が貧弱で、男性本位のカリキュラムであることを指摘している。

制度上、男女平等なカリキュラムであっても、現実のカリキュラムや授業自体はジェンダー形成作用が機能する場であり、学校行事や部活動など教科以外の教育活動ではより濃厚なジェンダー形成の力が働いていることを確認してきた。次に、現実の体育カリキュラムが学習者にどのように経験されているのか、現行のカリキュラムがどのような性質を帯びたものなのかについて論を進める。

体育授業のリアル
―女子の訴えと男子の言い分

筆者の勤務する大学では、体育2単位が必修である。球技やレクリエーションスポーツなどとともに「フィットネス」という選択肢がある。このクラスを選択するのは圧倒的に女子学生で、フィットネスという名前に惹かれて履修する学生もいるが、高校までの経験から、球技などに苦手意識があり、できれば敬遠したいという学生が多い。このクラスのオリエンテーションでは、健康づくりの運動を経験し自立的に実践する知識やスキルをつけるというねらいとともに、「人と比べない」「うまく運動しようと思わない」「無理せず自分のペースを守る」「自分の身体と対話しよう」という原則を伝える。この時、うつむき加減の学生の顔が上がり、その表情に安心感が広がることが常である。学習記録を見ると、「運動が苦手で、体育の授業は苦痛だったけど、この授業はなんとかやれそう」「運動神経が鈍くても仲間に迷惑をかけなくてすむ」など、高校までの12年間もの体育授業を通して彼女たちが苦痛と苦手意識しか学び取れなかったことを推測するに余りある記述に出会う。こういった体育授業の経験を聞くたびに、上手くできることや競争・序列に価値づけられた体育授業で疎外されてきた悲しいライフストーリーに胸が塞がれる。

一方、体育教師を目指す男子学生の意識や態度には迷いがない。「女性の体育・スポーツ指導者を増やすには」という課題に対する彼らの回答に次のような記述がよく見られる。「女性のスポーツ指導者が少ないのは、男性と比べると運動能力に劣る場合が多い」「指導者の高い技能が生徒の感動や動機付けになることを考えると、女性の指導者の見本というのは感動させるに至らない」「そもそもできないことを指導することは無理だ」とためらいなく記述する。これらの言い分は、体育・スポーツの価値への視点が「うまくできること」「優れた技能」に偏っており、彼らの視野に「女性の領域」とされるものはなく、男性中心の思考であることが明らかである。

男女平等なカリキュラムとして展開されているはずの体育・保健体育という教科の中で、女子学生の訴えと男子学生の言い分がこのように乖離する理由は、戦後民主的な教育への転換として近代スポーツを中心に構成されたカリキュラム自体に埋め込まれた男性優位性にある。スポーツが現代の主流の運動文化であり、女性があらゆるスポーツに参加し、以前には想像さえできなかったパフォーマンスを発揮するという事実を差し引いても、近代スポーツがジェンダー中立とは言えない起源や特性を持ち、それらがジェンダー形成に与える影響が少なくないという事実を直視する必要があるだろう。

体育授業をはじめ学校体育で扱われるサッカーや陸上競技などのスポーツは、19世紀後半から発展した近代スポーツであり、男性の教育機能と近代社会の発展を主導した男性的原理が内包されている。近代スポーツの中心原理は競争であり、勝者となること、序列の上位にあることが「男らしさ」の証明として機能する。優れた体力に裏打ちされた身体技能を競う近代スポーツは、種目特性によって多少の差異はあるものの体格や筋肉量に強く支配され、逆に脂肪は余分な荷物となる。言うまでもなく、筋肉と脂肪は性ホルモンに影響され、ことに第二次性徴期以降、個人差はあるものの男女差が顕著に表れる特徴がある。このような近代スポーツ中心に構成された体育カリキュラムでは、生活に根ざした運動やレジャー、自己の心身と対話するような運動やダンスよりも競技スポーツの価値を高め、男女の差異と男性の優位性を際立たせることになる。

ジェンダー視点から見た現行の体育カリキュラム

２００８年に改訂された現行の体育カリキュラムをジェンダー視点から概観してみよう。今日、世界の多くの国々で新自由主義と新保守主義を中心とした教育政策が強まっており、日本もその潮流の中にある。教育基本法の改正（２００６）に基づき改訂された現行の学習指導要領は、公共の精神や伝統と文化の尊重など、新たな教育目標とともに、「道徳教育や体育などの充実により、豊かな心や健やかな体を育成」することを謳っている。ジェンダー視点から体育分野の変更点をみると、中学校での「武道・ダンス」の必修化、「体つくり運動」の強化、「系統性」の重視が注目される。

（1） 武道・ダンスの必修化

武道・ダンスの必修化は、２００６年の教育基本法の改正によって加えられた「伝統と文化の尊重」に応える内容として実現されたもので、ジェンダー・ポリティクスとしては明示的で分かりやすい。

武道の必修化は、武道協議会や武道議員連盟、日本武道館など武道に関わる組織の長年の悲願であり、今回の「伝統と文化の尊重」という教育基本法の改正は、武道必修化を実現する千載一遇のチャンスであった。歴史を遡れば、武道は一部の社会階層の男性に対する教育手段であり、「武士道」という男性の精神性を涵養する目的を備えている。武道必修化という要請は長年繰返されており、日本武道館が開館された１９６４年からその創建目的の一つに「武道を学校正科必修とする」ことが掲げられていた。当時は、戦後の教育課程に柔道や剣道が「格技」として再登場を果たした時期であり、男性を対象とした学習内容であった。つまり、武道の必修化という要望は、男性の教育手段として想定されたものであり、女性はその想定の外にあった。武道・ダンスの必修化に埋め込まれた「男子の教育」への期待を見抜く必要があるだろう。

(2) 体力低下と体つくり運動

「体つくり運動」は小学校1年生から毎年実施すべき必修の内容となった。「子どもの体力が低下の一途」「朝礼でバタバタ倒れる」という訴えは説得的で、危機感を浸透させるパワーを持つ。文部科学省が子どもの体力低下を重要な課題に位置づけるようになった契機は、2002年の中央教育審議会答申「子どもの体力向上のための総合的な方策について」であった。そこでは「戦後我が国を発展させてきた社会のエネルギーは、上昇傾向にあった国民一人一人の持つ体力が基礎となってきたのではないかと考えると、将来を担う子どもたちの体力が低下していることは極めて憂慮すべきことである」と記述され、国民の体力が国家発展のエネルギーと見なされていることに気づく。

子どもの体力向上政策は今回に限ったものではない。「体力主義」と称される1960年代に改訂された学習指導要領には政治的思惑が埋め込まれ、教師主導の一方的な体力向上運動が多くの体育嫌いを生み出したという苦い記憶が甦る。小林（1973）は、「体力主義」の体育は、1964年の「国民の健康・体力増強対策について」という閣議決定がその始まりであり、その根底には、「からだとからだの持つ能力を経済発展に貢献する身体資源とみる考え方」（101頁）があると指摘している。この指摘は、高度経済成長の時代を支える人的資源という考え方を鋭く批判するものであるが、この時代の「人的資源」が示す「人」が男性を対象としており、女性の存在が不可視化されていることには触れていない。当時は、外での有償的労働に男性が駆り出され、終身雇用と引き換えに過酷な労働を担ったことと対照的に、女性が被扶養家族として、男性の有償労働を支える無償の労働者として位置づけられた時代である。つまり、体力主義の時代に体育が担った体力向上というねらいは、暗黙のうちに男性を主たる対象としており、女性の存在は周辺化されているのである。

さらに、体力を問題にする時、そもそも「体力」とは何を意味し、「体力テスト」で測定する体力とは何なのかが問われなければならない。「体力」という概念と測定する方法の中に、女性が男性よりも低い序列にあることを明示するからくりが埋め込まれているからである。

学校のテストで評価される体力は、定量化しやすくスポーツパフォーマンスに直結する要素が大半である。それらは筋力や持久力など数量的な測定が容易なエネルギー系の体力要素であり、調整力など動きを制御する神経系の体力要素が少ない。この結果、体格と筋肉量が平均的に男性より劣る女性は「男性より低い体力の持ち主のカテゴリー」として序列化される（飯田、

２００４）。そもそもスポーツ自体が男らしさを顕示する文化として発祥しており、スポーツパフォーマンスに関連する体力を測定することによって、人の「体力」評価をするという行為自体が、ジェンダーバイアスと言えるだろう。体力向上運動、体つくり運動の重視は、国家発展の人的資源開発を目論む政治性として、ジェンダー差異を拡大する装置として、二重のポリティクスを内包している。

（３）系統性の重視とスポーツ化・競技化

系統性を重視するという方針によって、小学校低・中学年での「基本の運動」が消えた。その一方、例えば、「走る・跳ぶ」という運動は、〈「走・跳の運動遊び」（低学年）→「走・跳の運動」（中学年）→「陸上運動」（高学年）〉と系統化され、中学校での陸上競技の準備、導入段階という位置づけになった。「体つくり運動」の中に設定された「多様な動きをつくる運動（遊び）」では、後ろ向きに走るなど様々な運動を取り上げていくと説明されているが、小学校低学年からスポーツの基礎的な動きづくりが導入された点は、それまでの学習指導要領とは大きく異なる。人は生きる中で、走り、跳び、よじ登り、泳ぐなど、多様な運動をする。現代の主流文化としてスポーツの学びは欠かせないが、命のために浮き続ける技術やストレッチの意義や方法を学ぶことも生きる身体の学習として重要である。

小学校でも競技スポーツへとつながる内容をカリキュラムの中心に据えるという流れは、時にスポーツの競技性を必要以上に強調することになる。今日普及している競技スポーツは、勝敗や順位を明確にし、そのためにルールや制度を整え、定量的な評価方法を洗練する特徴を持つ。０・１秒、１センチを競い、ナンバーワンを目指すことへの強力なベクトルを持つ。素朴な運動遊びだったものが競技性を強め、小学生や指導者、保護者までもその競争性に取り込まれている様相も見られる。例えば「大波、小波」「郵便屋さん」のようなわとび遊びは街中から姿を消し、集団で回数と正確さを競う大なわとび競技が人気を集めている。一定時間内の回数を競い、一糸乱れぬ動きと役割の専門化が発展する。素朴な運動や遊びも競技性が増すことによって、排他的な競争に変容し、勝利者に必要以上の価値を与えることになる。

競争を特性とするスポーツを主たる教材として取り扱う体育では、競争がどのように学習の中に組み込まれ、学習者が何を学びとっているかについて繊細な配慮が必要だ。社会に組み込まれた競争原理が教育の場に反映されると同時に、スポーツの競争原理が学習者の意識形成に影響を及ぼすと推測されるからである。同時に、体育カリキュラムにおける「競争の強化」が誰を励まし、誰を排除しているかについて再考することも必要である。

　体育においてスポーツの競技志向が強まることは、「体力向上」と同様に、男性に有利な身体文化を無批判に強化することでもある。男女別であろうがなかろうが、結果的に男女の格差を明示し、ルールや記録の差異から男女の序列を浸透させる。生活に根ざした運動やレジャーよりも競技スポーツの価値を高め、男女の差異と男性の優位性を際立たせる。ダンスのように自分の身体と対話しつつ、表現や創造性というパフォーマンスを求める領域は、スピードやパワー、たくましさを絶対的な価値とする競技スポーツとは対極にある。

　現行の体育カリキュラムでは、武道・ダンスの必修化、体つくり運動の強化、系統性の重視という変更点のどれもが、運動やスポーツ、身体の価値を値踏みする作用を持っている。それらが、教師や親の期待、社会全体の風潮と絡み合い、ジェンダーの序列を促進している。

　最後に、本テーマと深く関わりながら、本稿では触れることのできなかったものに、性別二元性とセクシュアルマイノリティー、さらに、民族、障がい、社会的地位などとのインターセクショナルな概念としてのジェンダー理解があることをお断りしたい。

（京都教育大学）

【註】

本稿のうち、「ジェンダー視点から見た現行の体育カリキュラム」については、次の文献の一部を再構成した。井谷惠子・近江望・池川佳志（２０１５）「近年の体育カリキュラムとジェンダー・ポリティクス：現行の学習指導要領と『なわとび運動』の変質に着目して」スポーツとジェンダー研究、１３：１１１‐１２２頁。

【文献】

アスキュー，S．、ロス，C．、堀内かおる訳（１９９７）『男の子は泣かない：学校でつくられる男らしさとジェンダー差別解消プログラム』金子書房。

飯田貴子（２００４）「体力テストとジェンダー」飯田貴子・井谷惠子（編著）『スポーツ・ジェンダー学への招待』明石書店。

井谷惠子（２００４）「学校体育とジェンダー」飯田貴子・井谷惠子（編著）『スポーツ・ジェンダー学への招待』明石書店。

木村涼子（１９９９）『学校文化とジェンダー』勁草書房。

小林一久（１９７３）「体育における体力論の意義と限界」一橋大学研究年報、自然科学研究、１５：９７‐１３９頁。

日本スポーツとジェンダー学会編（２０１０）『ジェンダー・スポーツデータブック２０１０』日本スポーツとジェンダー学会。

内田良（２０１５）『教育という病　子どもと先生を苦しめる「教育リスク」』光文社。

性をめぐるアリーナ
—スポーツにおける男性優位主義とホモノーマティヴな男性性—

岡田　桂

女性とスポーツの位置づけの矛盾

　近代的な意味でのスポーツが成立してからすでに百数十年余り、現在では、様々な努力によって女性のスポーツ参加も増加し、日常的なアクティビティからオリンピックレベルの国際大会に至るまで、女性スポーツというジャンルは広く定着しているといえる。しかしながら、スポーツに関する社会的・文化的研究が長らく指摘してきたとおり、現代にいたっても、女性スポーツが男性によるそれに比肩する位置づけにまで至っているかといえば、それは疑問であろう。

　学校教育における体育科での授業に関する研究や、日常生活のイメージについての先行研究は、未だに「スポーツは男性中心のもの」、あるいは「女性のスポーツのレベルは男性スポーツに劣る」といったステレオタイプな考え方が定着していることを示しているし、メディア表象や、プロフェッショナルなレベルのスポーツ界におけるジェンダー研究は、実際のスポーツ選手による実践・参入のみならず、マネージメントに関わる人々のジェンダー比率／バイアス、社会経済的な不均衡を指摘している。それではなぜ、他の文化領域に比較して、スポーツの世界ではこれほど女性と男性の差が温存されるのだろうか。この理由は、スポーツ自体が男性化された文化として発達してきたという、その歴史に辿ることができる。

男性文化としてのスポーツ

世界には、現在のスポーツの源流と考えられるような身体的な活動が、様々な文化圏に存在した。しかしながら、現在私たちが一般的に認識する競技スポーツの多くは、19世紀頃のイギリスにそのルーツを求めることができる。それまで、組織化されることなく、それぞれの地域で行われていたローカルな遊びや競技としてのスポーツは、近代という時代の価値観に合わせて変容し、特にその過剰な身体性と暴力的な側面を抑制し、ルール化することで発達してきた（エリアス、ダニング）。

また、こうした自己抑制と競技を通じた責任感の醸成を伴うスポーツ活動は、パブリックスクールを中心としたエリート教育のエートスと融合することによって急速に発展し、「近代的スポーツ」としてイギリスを席巻することになる。さらには、帝国化したイギリスが近代という時代の価値観をリードし、物理的に世界各地へと伸張していくのに伴い、その精神性やモラル・文化の重要な担い手として、英国産のスポーツは現在に至る世界的な隆盛の端緒を開いたともいえる。

ここで重要な点は、時代・社会的な制約から、当時のイギリスでエリート教育を受け、その後の社会でリーダーとしての役割を発揮していった層は、男性に限られていたという事実である。女性がこうした層に参入するのは、かなり時代が下ってからのことであり、高い教育の機会を得るようになってもなお、スポーツのような身体的活動は女性には向かないという偏見の中で、女性が、主流とされるスポーツ活動の重要な位置を占めることはなかった。これが、そもそものスポーツという文化の発達が男性のみを前提としたものとなった経緯といえる。

なぜスポーツと男らしさ（ジェンダー）の理想が結びつくのか？

しかし、これだけではまだ、現在に至るまでの女性スポーツが被る不均衡を説明するには十分ではない。なぜなら、仮に男性を前提とした文化として発達したとしても、後の時代になって女性の活躍が増え、（例えば他の産業分野などのように）男性と同等に活動したり、あるいは分野によっては男性を上回る能力を発揮する可能性もあるはずだからである。ここに、スポーツがその黎明期から担ってきた身体との強い結びつき、さらにいえば（男性）身体の理想を提示するという、その役割から来る困難さがある。

そもそも、なぜ近代という時代にスポーツという身体を用いた文化が発達することになったのか。これには、19世紀当時の西欧における身体と性の価値観の変化が大きく関係している。クラウディア・ネルソンは、19世紀におけるイギリスの児童文学の分析を通じて、この時期に「男らしさ」の理想に関する価値観が大きく変化していった事を指摘した。ネルソンによれば、19世紀の中盤まで、男らしさを表す一般的な言葉は「マンリネス（manliness）」であり、それは身体的なものというよりは、高潔な精神性や高い道徳心のような、内面的な資質を示すものであったという。逆にいえば、こうした精神性は女性にとっても達成可能なものであり、この時期までのマンリネスはむしろ両性的な価値観ともいえ、いわば「人間らしさ（humanliness）」の理想を表すという意味合いを有していた。

しかし、19世紀中盤以降、ダーウィンによる進化論の提示は、「人間も動物の一種にすぎず、様々な淘汰の末に進化してきた」という、それまでの神が創った特別な存在というキリスト教的人間観からのパラダイムシフトを引き起こした。これは同時に、敬虔な信仰や宗教性を通じて評価されてきた個人の資質としての精神性よりも、適者生存の論理のもとで、帝国主義化する世界の中で生き残っていくための国民の優れた資質としての身体性へ、という価値観の変化をもたらした。当然ながら、健康な国民の再生産という問題系が顕在化した時、おのずと注目されるのは、生物としての人間の生殖能力と、それに伴う性役割の強調であった。

内面から外見へ
―新しいジェンダーの理想

こうした精神から身体への価値観の変容は、同時に男らしさの理想を伝統的な男性性の価値観であるマンリネスから、新たな概念である「マスキュリニティ」へと移行させたという。19世紀後半まで、英語の語彙としてのマスキュリニティ（masculinity）は存在してはいたが、それは男の抑制されない動物的な側面を表す、むしろ否定的な意味で用いられており、一般的な言葉ではなかった。しかし、進化論及び、ドイツを経由してイギリスにもたらされた新たな性科学（セクソロジー）は、それまで否定的に捉えられていた身体や性、男性の動物的（生物的）な側面に新たな価値を付与し、生殖の重要視を通じて、それを肯定的に評価し直していくことに繋がった。

ここに至っては、もはや女性と共有できる両性的な概念であるマンリネスは、時代遅れの男性観であり、世紀末から20世紀にかけての近代的な男性性は、身体（すなわち外見）に重きを置く、視覚的な価値観になったといえる。こうした内面から外見へ移行した男らしさの理想を体現し、可視化するためには、何か身体的なテクノロジーが必要となるはずであり、この時期を通じたスポーツの急激な発展は、こうした新たな人間観、身体観、そしてジェンダー観（男性観）を具現化するための要請であったといっても過言ではないだろう。

スポーツが、このように主として近代社会における男らしさ、しかも身体性を中心に据えたジェンダーの理想を担うものとして発達してきたとすれば、そこには女性が入り込む余地は非常に少ない。もしも女性／男性というジェンダー差が身体に基づく本質的なものであり、相互に入れ替えや移行が不可能なものだと考えるならば、原理的に、女性はその主流を担う存在として位置づけられることはできないともいえる。さらには、マスキュリニティが、生殖を視野に入れた生物学的な性役割を含んだ概念であることを考えれば、その男らしさの理想はヘテロノーマティヴ（異性愛規範的）なものであり、その理想から外れるセクシュアル・マイノリティ（同性愛者、両性愛者、アセクシュアルなど）もまた、スポーツの本流を占めることはできないことになる。R・コンネルが提出したヘゲモニック・マスキュリニティという概念は、こうした近代の男性性が狭義のジェンダーのみでなく、セクシュアリティをも含み込んだものであることを示す上で重要な成果であり、スポーツと男性性の結びつきを考える上で、最も重要な視点の一つといえるだろう。

男を〝降りる〟／男になる、という選択

2015年、ミュンヘン五輪男子十種競技の金メダリストであったブルース・ジェナーが女性へと性別移行し、ケイトリン・ジェナーとなったことは、数多くのメディアで取り上げられ話題となった。有名人の性別移行とはいえ、ジェナーの例がここまで反響を巻き起こした背景には、当然ながら、彼女が元々は、男性性の理想を極限で体現するアスリート、しかもオリンピックの金メダリストであった事実に負うところが大きい。メディアの反応がおおむ

ね好意的であり、ジェナーのカムアウトを勇気ある決断と評する中で、イギリスの新聞を中心に寄稿するコラムニストであり、またフェミニストでもあるジュリー・バーチルは、「悪いとは思わないが、決して勇気があるとは思わない」と前置きした上で、「私の意見でいえば、(ジェナーは)自分たちがそれを通じて権力を持ち、富を築いたマッチョなサークル(スポーツ界)において、同性愛者としてカムアウトした方が、余程勇気のあることだったろうに」と批判した。バーチルは、これまでにも男性から女性へ移行したトランスジェンダー女性に対して批判を繰り広げており、ジェナーを「利己的」で「自己憐憫」的な「不幸な人」と非難した。

バーチルは、フェミニストの立場から、女性という立場は子どもの頃から女として育てられ、選択の余地のない経験の結果としてあるのであり、白人が黒人になる(その経験を完全に共有する)ことができないのと同じだとも述べる。バーチルの意見にどの程度賛同できるかについて疑問はあるが、ここには、女性(ジェンダー)とは選び取るものではなく、本質的なものであるという考えとともに、スポーツ界という文脈の中では、性別を移行するよりも、同性愛男性としてカムアウトする方が困難である、という考えが垣間見える。

確かに、長らくスポーツ界は、強い同性愛嫌悪に彩られた領域であり、近代的な男性性モデルの最後の砦と見なされてきた。しかしながら、1990年代を一つの境として、英米のプロレベルのスポーツにおいても自らを同性愛者だとカムアウトする選手たちが複数現れており、スポーツを取り巻くセクシュアリティの状況は急激に変わりつつある。一方で、現時点では管見の限り、英米のプロレベルのスポーツに性別を移行したトランスジェンダー女性/男性の選手は存在しない(1)。これは、前述したとおり、近代スポーツの根拠は身体にあり、しかも男性の身体能力が有利に発揮されるように制度やルールがデザインされている以上、スポーツをプレイする現場で「性を渡る」ということは、そのゲームが成り立つ根拠(条件の平準化)を有利(トランスジェンダー女性)/不利(トランスジェンダー男性)(2)両面から切り崩すこととなるという理由が大きいといえる。また、トランスジェンダー女性/男性が、移行前のジェンダーで構成されるチームでプレイを続けることもまた、ほぼ完全にジェンダー別編成が達成されているプロレベルのスポーツの世界では、非常に大きな困難を伴う(3)。

ジェンダー∨セクシュアリティ

様々な困難があり、また現在でも抑圧的な環境にあるとはいえ、トップレベルのスポーツの現場において、ゲイであることをカムアウトする男性選手は増えている。また、レズビアンであることを公言してプレイをする女性選手も、男性同様、稀ではあるが存在する。同じ困難なマイノリティの中で、容易な比較は慎むべきではあろうが、いかにスポーツ文化が内包する原理的な制約に抵触するとはいえ、トランスジェンダー／セクシュアル選手の不在、少なくとも英米のトップレベル・商業スポーツにおける不在は、やはりLGBTと括られる性的マイノリティの中にあっても、「性（ジェンダー）を渡る」ことの困難さを示唆してはいないだろうか。

実のところ、性的なマイノリティの定義の歴史の中で、ジェンダーとセクシュアリティをお互いどのように位置づけるかについては、19世紀末から現在に至るまで、常に議論が続いてきた。本論に関連の深いものとして、例えば男性同性愛者を、「男性の身体に女性の精神が宿った」ジェンダーが倒錯した存在と見なす考え方（＝ジェンダー倒錯／境界状態／移行性モデル）と、「男性ジェンダーとして完全であり欲望の対象が同性であるだけ」と見なす考え方（ジェンダー分離主義）などは代表的なものである（セジウィック）。逆にいえば、「ジェンダーが非規範的であること（ジェンダーを移行することを含む）」と「セクシュアリティが、非ヘテロセクシュアルであること」のどちらが性規範を揺るがすかという対立軸と考えることもできるだろう。

男性マイノリティ（モデル・マイノリティ）としてのゲイ男性選手

近年、英米を中心に急速に進むゲイ男性アスリートの可視化は、スポーツ界における性的マイノリティの位置づけの変化としては、歓迎すべきものであろう。しかしながら、この状況は、前述した区分けでいえば、ジェンダー分離主義的な考えの敷衍、言い換えれば、外見を含めて、男性ジェンダーを完全に履行できる同性愛者のみが、一種のモデル・マイノリティとして受け入れられ始めているとみることもできる。うがった見方をすれば、性的マイノリティの権利を保障することが、その国家や地域がいかに民主主義的でリベラルであるかを判断される一つの基準となりつつある状況にあって、英米圏を中心とするスポーツ界は、ヘテロセクシズムからは脱却しつつも、ジェンダー（身体）の理想を手放すことなしにこれに対応しようとしているという印象もある。

一足飛びにすべての理想を実現することはできないことを承知で述べれば、もしこの傾向が継続した場合、スポーツにおける男性ジェンダー優位が固定される懸念がある。冒頭で述べたとおり、女性はスポーツ実践において原理的な不利益を被らざるを得ないため、広い意味で少数派の位置に留まらざるを得ない。これは、仮にカムアウトする同性愛女性選手が増加しても覆すことの難しい問題である。さらにいえば、同じ性的マイノリティの内部における差異や格差を強化する可能性もある。LGBT内部の差異については、これまでもジェンダー／セクシュアリティ研究において指摘されてきたが、マイノリティ内部においても結果的に男性優位、さらにはシスジェンダー(4)優位が固定される恐れもある。

中心と残余
―スポーツと性をめぐる地域差・文化差

ここまで、主に英米を中心としたスポーツとジェンダー／セクシュアリティの状況を概観してきた。しかしながら、ほかの地域に目を移すと、必ずしも同様の状況にはない。例えばトランスジェンダーの選手に関していえば、タイのプロ・ムエタイ選手であるパリンヤー・ジャルーンポンは１９９０年代の時点で、身体性という点で最もハードルが高いともいえる格闘技においてトランスジェンダー女性として活躍し、男性との対戦を繰り広げた。また、日本においては競艇選手の安藤大将が、性同一性障害を公表の上、２００２年に男性として再デビューし、競技を続けた。さらに、アメリカ領サモアのジャイヤ・サエルアは、トランスジェンダー女性としてはじめてサッカーワールドカップに出場している。これらはいずれも、プロレベルのスポーツという点からも非常に大きな画期であるにもかかわらず、世界的に重要な事例と認識されているかといえば、少なくとも英語圏の研究業績を概観した限りでは、そうした様子は見えない(5)。

こうした温度差は、やはり英米（英語圏）、特に現代のスポーツの中心といえるアメリカ合衆国を基準とした価値観やメディア・ヴァリューの帰結といえるだろう。実際のところ、トランスジェンダー選手の事例に留まらず、ゲイ男性選手のカムアウトや活躍もまた、こうした不均衡を被っている。長らく同性愛嫌悪の最も強い競技とされてきたフットボール（サッカー／ラグビー）において、ラグビーではじめてカムアウトしたプロ選手は、オーストラリアのイアン・ロバーツ（２００７年時点）であり、また、悲劇的な事例として有名なイギリスのジャスティン・ファシャニュー以来、プロサッカー史上二人目として、実に21年ぶりにカムアウトしたスウェーデン・プロリーグのアントン・ヒーセンは、ともにフットボール史上の画期となったにも関わらず、それぞれ母国以外の報道や注目は、アメリカ合衆国の同様の事例と比較して非常に少ない。

これらの状況は、カムアウトのもつ価値やトランスジェンダー選手の可視化の機会が、地域や文化圏によって不均衡であることを示している。さらには、このような価値の一極集中は、女性スポーツの今後を考える上でも、決して好ましいものではない。なぜならば、女性のスポーツ実践の中で、何が評価され価値づけられるかという選択肢もまた、特定の地域の価値観に委ねられることになるからである。

ホモノーマティヴなスポーツ？／男性優位の温存？

１９９０年代以降、クィア研究の文脈の中で、性的マイノリティ内部の格差やジェンダー主義が問題化され（L. Duggan）、さらには２００１年に起こった９・11以降、アメリカ合衆国を中心として先鋭化したそれまでの政治イデオロギーに基づく対立とは異なる、対イスラーム文化圏の様相を呈した対テロ戦争は、ある種の保守主義を推し進めてきた。これは、人権や自由を重んじるリベラルで民主主義的な陣営と、人権や多様性を認めない宗教原理主義としてのイスラーム陣営という対立を仮構し、その後の性的マイノリティをめぐる状況にも少なからず影響を及ぼしている。ジャズビア・プアが指摘したように、こうしたポスト９・11の社会状況は、人種・民族主義的な偏見と嫌悪をナショナリズムに接続しつつ、新たな民主主義側の構成員として性的マイノリティをも取り込もうとしてきたし、また性的マイノリティの当事者も少なからずこうした呼びかけに応答してきた側面がある。

実際のところ、スポーツと並ぶホモソーシャルな領域である軍隊においても、特にゲイ男性を中心とした性的マイノリティの受容と可視化が進み、アメリカ合衆国、イスラエルの軍隊などは、それを自由さの象徴として利用し始めている。ともに男らしさの最後の砦とされてきたスポーツ界におけるゲイ男性の可視化もまた、同様の傾向を示し始めるのではないかとの懸念もある(6)。確かに、最大のタブーであったスポーツ界におけるセクシュアリティの問題のひとつが解消の方向に向かうことは、それ自体は歓迎すべきことであろう。ただし、その動きが特定の地域や国家の価値観を過剰に代表したり、結果として他の地域の価値観や、あるいはマイノリティ内部での格差を温存していくという方向になってはならない。

スポーツ研究の分野で、こうした同性愛嫌悪が軽減している状況と、それに伴って変容しつつある男性性について、エリック・アンダーソンは、インクルーシヴ・マスキュリニティ（包括的マスキュリニティ）という概念を提唱している。これは、かつてその内部に同性愛嫌悪を内包していた近代のヘゲモニック・マスキュリニティに対して、現代の男性性の理想は、徐々に同性愛者を包含しつつある、より包括的な概念になってきているというものだ。これは確かに、一面では現在の状況をよく説明するものであるともいえる。しかし、これはまた、これまで性的マイノリティとされてきた人々が従来の異性愛規範を揺るがすことなく、その価値観に親和的に参入することで〝二級市民〟を目指すという意味でのホモノーマティヴともいえるスポーツ環境が実現しつつあるかのような印象を与える。しかしながら、本概念もまた、ほぼ英米のみを念頭に置いた分析の帰結ともいえ、さらには、上述したような性的マイノリティ内部でのジェンダー問題などについては、検討していない。

こうした、メディアを通じて流通する表象・情報および、英語圏に一極集中しつつある学術研究の趨勢などを考える時、私たちは、価値観の多様性というものをより多方向から検証し直していく必要がある。しかも、それが人間の生活や存在の根本に関わる性の問題であればなおさらである。これだけグローバル化した文化であるスポーツは、ともすれば文化的に無味無臭であり、政治性と縁のないものと捉えられがちであり、またそのポジティヴな側面が強調され過ぎる傾向もある。しかし、そうであればこそ、日常に浸透したスポーツと性（女らしさ／男らしさ）の関係について、常に意識的な視線を向け続ける必要があるのではないだろうか。

（関東学院大学）

【註】

（1）後述するジャイア・サエルア選手はアメリカ領サモアの出身であり、文化的にはオセアニア圏である。

（2）ここでは紙幅の都合で深くは立ち入れないが、男性ジェンダーは社会的に女性ジェンダーよりも高い価値が付与されているため、女性が男性にジェンダー移行する（男性特権に参入しようとする）ことの文化・社会的な抵抗感（男社会からの抵抗感）は、逆の場合よりも強いという指摘もある。（Halberstam, Judith (1998) Female Masculinity, Duke University Press.）また前提として、そもそも現代のトップレベルのスポーツにおいては、ホルモン療法がドーピングの規定と共存不可能であるため、現実的にはトランスジェンダー男性が男性として競技を続けることは難しい。

（３）実際のところ、のちに本論で取りあげるトランスジェンダー男性／女性の事例のうち、トランスジェンダー女性の場合はすべて移行前のジェンダー（男性）で構成されたチームやリーグで競技している。

（４）シスジェンダー＝トランスジェンダーの対義語として作られた概念。生得的な身体のジェンダーと自己認識が同一（ジェンダー違和がない）ことを指す。

（５）本論からは外れるが、英米と比較して、アジア圏でトランスジェンダーの選手が（相対的に）活躍していることは、アジアにおけるジェンダー観が本論で述べた「ジェンダー倒錯／境界状態／移行性モデル」に近いことを示唆している。逆に、英米においては「ジェンダー分離主義」（外見重視？）の傾向が強いとも考えられ、これはそもそも「ジェンダー」という概念自体が優れて英語的な発想であることを考えると（日本語やドイツ語、フランス語には〝ジェンダー〟に該当する言葉がない）非常に興味深い。

（６）井谷・関は、ともにオリンピックなどのスポーツメガイベントとジェンダー・セクシュアリティ・クィア理論の接続について、非常に興味深い発表を行っている。関めぐみ「スポーツ・メガイベントとフェミニズム：Helen Jefferson Lenskyjの研究を中心に」井谷聡子「スポーツメガイベントと植民地主義クィア・アクティビズムという視点から」上記は、ともに日本スポーツとジェンダー学会第14回大会発表資料（２０１５年７月５日）

【文献】

Duggan, Lisa (2001) "Making It Perfectly Queer", In Abigail J. Stewart (ed.), *Theorizing Feminism: Parallel Trends in the Humanities and Social Sciences*, Westview Press, 215.

エリアス・N、ダニング・E、大平章（訳）（１９９５）『スポーツと文明化：興奮の探求』法政大学出版局。

Nelson, Claudia (1989) "Sex and the Single Boy: Ideals of Manliness and Sexuality in Victorian Literature for Boys", *Victorian Studies*, Summer 89, 32(4): 525.

岡田桂（２０１０）「ジェンダーを〝プレイ〟する：スポーツ・身体・セクシュアリティ」日本スポーツ社会学会（編）『スポーツ社会学研究』18（２）：５-22頁、創文企画。

Puar, Jasbir K. (2007) *Terrorist Assemblages: Homonationalism in Queer Times*, Duke University Prress.

イブ・コゾフスキー・セジウィック、外岡尚美（訳）（１９９９）『クローゼットの認識論：セクシュアリティの20世紀』青土社。

【ＵＲＬ】

http://www.pinknews.co.uk/2015/06/07/julie-burchill-claims-it-would-have-been-braver-for-caitlyn-jenner-to-come-out-as-gay/

特集　女性スポーツの現在

「スポーツを見る」ことの新しい可能性

田中東子

スポーツを見る新しい環境

対峙した選手がラケットを振りぬき、全力でテニスボールを追う。

飛び散る汗。漂う緊迫感——

その手前には、固唾を呑んで二人の対戦を見つめる二千人以上の女性たちがいる。緊張から手のひらには汗をかき、なかには感動のあまり、ハンカチで目元をぬぐっている人もいる。

でも、たいていの人はしっかりと目を凝らしている。

次の瞬間に起きるであろう、決定的な動きを見逃さないように。

この会場はどこなのか——テニスの試合だから、有明コロシアムだろうか、それともビーンズドーム？

二千人以上の女性たちを収容しているこの会場、実はそのどちらでもなく、なんと後楽園の一角にある。後楽園といっても、東京ドームや後楽園ホールなどのスポーツ関係施設ではない。

ここは、東京ドームシティホールだ。ホールといっても、スポーツ競技ではなく演劇やコンサートを催す会場である。つまり、女性たちが見ていたテニスの試合は、スポーツの方ではなく、ミュージカルの一場面だったのだ。

青春学園中等部の一年生エース「越前リョーマ」対氷帝学園中等部のテニス部部長「跡部景吾」——全国大会で

のチームの勝利を決める、重要な一戦のクライマックス。

彼女たちが見ているのは、近年「2・5次元ミュージカル／演劇」と呼ばれるようになった類の舞台である。

2・5次元とは「2次元」と「3次元」の中間を意味する言葉だ。2014年には、「一般社団法人日本2・5次元ミュージカル協会」という団体も設立され、国内外で舞台製作を行う複数の会社が加入している。

この協会のパンフレットによると、「2・5次元ミュージカル／演劇」とは、「2次元で描かれた漫画・アニメ・ゲームなどの世界を舞台コンテンツとしてショー化したものの総称」(1)のことであると説明されている(2)。

もともと日本では、アクションを中心にストーリーとコマ割りの絵が進んでいく少年マンガのモチーフとして、「スポーツ」というコンテンツが長らく重要な位置を占めてきた。経験者の多い野球やサッカー、テニスやバレーボールといったメジャーな人気スポーツ競技だけでなく、格闘技やダンスや自転車競技などのマイナースポーツまで含めれば、その作品数は枚挙にいとまがない。戦後少年マンガの歴史と、スポーツを描くマンガの作品史は併走しているといっても過言ではないだろう(3)。

もちろん、ここですべてを挙げることなどできないが、人気スポーツマンガとして誰もが一度はそのタイトルを耳にし、読んだことのある作品としては、1970年代の『巨人の星』(『週刊少年マガジン』連載。梶原一騎原作、川崎のぼる作画)や『あしたのジョー』(『週刊少年マガジン』連載。高森朝雄原作、ちばてつや作画)、80年代の『タッチ』(『週刊少年サンデー』連載。あだち充作)や『キャプテン翼』(『週刊少年ジャンプ』連載。高橋陽一)、90年代の『スラムダンク』(『週刊少年ジャンプ』連載。井上雄彦作)や『はじめの一歩』(『週刊少年マガジン』で現在も連載中。森川ジョージ作)などを挙げることができるだろう。

2000年代に入ると、『おおきく振りかぶって』(『月刊アフタヌーン』で現在も連載中。ひぐちアサ作)や『GIANT KILLING』(『週刊モーニング』で現在も連載中。ツジトモ作)など、スポーツジャンルを扱ったマンガの掲載は青年誌にまで拡大した。

その後も『テニスの王子様』(『週刊少年ジャンプ』で連載。許斐剛作)や『黒子のバスケ』(『週刊少年ジャンプ』で連載。藤巻忠俊作)、『ハイキュー!!』(『週刊少年ジャンプ』で現在も連載中。古舘春一作)、『弱虫ペダル』(『週刊少年チャンピオン』で現在も連載中。渡辺航作)などの大ヒットを経て、もはやスポーツジャンルは少年マンガをヒットさせる条件とさえ言えるようになった。

スポーツを見る新しい主体

ところが、こうしたスポーツ物の少年マンガ作品を愛好する女性読者と女性ファンの数が年々増えているという。もちろん、女性の読者やファンなど、作者や編集者たちは想定していなかったはずだ。それなのに、気づけばスポーツ物少年マンガの愛好者のかなりの割合を女性が占めるようになっている。

例えば、『弱虫ペダル』の作者である渡辺は、次のように話している。

週刊少年誌での連載なので、基本的には少年向けに描いています。ただ、最初はサイン会に男性が多かったのに、いつからか「女性が増えたなぁ」と。100人中男性が3人くらいということもあって(笑)。(略)コミックスは男女同じくらい売れているとのことなので、少年ファンや男性ファンと女性ファンは同じくらいいいると思います。(4)

日本の雑誌は、海外のものと比べると、ジェンダーや世代や嗜好に応じて、そのターゲットとなる読者像を細かく絞り込んで発行されているものが多い。したがって、「少年マンガ誌」であるなら、その読者対象として想定されているのは「少年」(ないしは「十代の男性」)であるはずだ。そして、少年向けのキラージャンルと目されてきたのが、スポーツジャンルなのである。

また、いくつかの例外的な種目を除いて、プロ野球やサッカーなどたいていのスポーツ競技は、男性向けコンテンツであると考えられている。実際、スポーツの競技場に行けば、男性中心でファンのコミュニティが形成されているし、プロスポーツとして経済的にも社会的にも成功している競技の多くは、男性選手たちが活躍する種目である(ただし、常に例外はあることは重ねて述べておく)。

そのような背景があるにもかかわらず、少し前からじわじわと、そして最近では堂々と、スポーツ物の少年マンガに「ハマる」若い女性たちが、増えているのである。

先に引用した「コミックスは男女同じくらい売れている」という渡辺の言葉からも分かるように、「少年」マンガでありながら「男女同じくらい売れている」というのはかなり特異なことである。

それも、リアルなスポーツの観賞を愛好する経験など持ったことがなく、むしろスポーツをすることを忌避しながら育ってきたタイプの女性たちが、どういうわけかスポーツ物の作品を好むようになってきた。

そうした趨勢を受けてのことか、

2000年代に入って発行されたスポーツ少年漫画の数々のヒット作品が、冒頭で見た「2・5次元ミュージカル／演劇」の原作として、現在、非常に多くの女性の観客を動員している。特に、この分野の最初の大ヒット作品である『ミュージカル「テニスの王子様」』では、2003年4月の初演以降、徐々に動員数を伸ばしていき、2015年3月には累計動員数200万人を突破した(5)。

漫画やアニメの舞台化というこのような新しい試みは、一見したところ実際のスポーツ競技の話とは、何のかかわりもないように思われる。しかし、これらのコンテンツの展開がスポーツというジャンル、及び視聴空間の拡張と関係していると考えてみることはできないだろうか。また、スポーツの視聴方法の拡張が、新しいオーディエンスと新しいスポーツ実践者の獲得につながっていく新しいルートを開拓しているとも考えてみることはできないだろうか。

このような問いに基づいて、以下、女性がスポーツを見る新しい回路の可能性について考えてみることにする。

マンガとアスリートの相応関係

スポーツを扱ったマンガやアニメの作品を見たことがクラブ活動や部活動を始めるきっかけになったと答えるのは、一般のスポーツ愛好者のみならず、トップアスリートの場合でもよく聞く話だ。

例えば、日本だけでなく海外にもマンガとアニメが輸出されている『キャプテン翼』を子どもの頃に見たり読んだりしたと答えるサッカー選手は多くいて、そうした体験がサッカーという競技を始めるきっかけになった場合もあるという。

2014年9月にNHK総合で放送された『青春！アリスポ～SPORTS×MANGA～「テニスを変えた〝王子様〟」』では、同様に錦織圭選手が『テニスの王子様』を読んだことが、テニスを始めるきっかけになったと語っていた。錦織選手と『テニスの王子様』との関係は、それだけではなく、持ち技のひとつである「エアK」の着想を『テニスの王子様』の作中のプレイから得ているという噂や、海堂薫というキャラクターが用いる「ブーメランスネーク」という技を試合で見せた、などそのほかにも関連付けて語られている。

1990年代にバスケットボールを扱ったマンガ『スラムダンク』が爆発的にヒットした際には、中学や高校でバスケ部に入部する人数が突然増加したことが社会現象として語られていた。最近ではバレーボールマンガの『ハイキュー!!』人気を受けて、バレー部に入る生徒たちが増えているといわれているし、『弱虫ペダル』という作品の人気から、日本では現在サイクリングの大流行が起こり、自転車専門店に行けば『弱虫ペダル』のキャラクターのポスターが飾ってあるという按配だ。

このように、人気少年マンガでとりあげられた競技は、プロのアスリートから、部活やクラブでの競技の選択に至るまで、人々をスポーツそれ自体に参画させるための重要な影響を与えていると考えられる。

女性ファンの足を運ばせる力

ところが、スポーツマンガやスポーツアニメの影響力は、それだけにとどまらない。むしろ、爆発的に増えているのが、マンガやアニメなどの2次元の作品を愛好し、そして特に、それを基にした2・5次元舞台を見た多くの女性たちである。スポーツジャンルのマンガやアニメにハマり、舞台にも足を運ぶ彼女たちの多くが、その後に、リアルなスポーツ競技にまでその熱狂を拡げていくという現象が起きている。

例えば、『弱虫ペダル』の熱烈な女性ファンがいるとする。最初はマンガを読み、アニメを見て、それから厳しいチケット争奪戦を経て、2・5次元舞台にも足を運ぶようになる。その時点ですでに、彼女たちはその競技のルールや専門用語に精通した存在になっているのだが、それが明るみに出るのはその後の話だ。

彼女たちは次に、その競技のテレビ中継を見始める。自転車競技であれば、「トゥール・ド・フランス」など、ヨーロッパの名高いレースの中継を夜な夜な観賞しては、仲間たちとSNSで感想を述べあったりする。実際に競技をやったことなどないのに、彼女たちは実に多くの専門用語を知っていて（なぜなら、少年向けのマンガ作品中では懇切丁寧にそれぞれの競技の装備やルールの解説がされているからだ）、競技の中のどの瞬間が、そしてどの局面が最も重要であり、決定的なものであるかも熟知している。そのため、SNSや女子会などで語られる彼女たちの会話内容は、きわめて専門的で高度なものとなる。

一昔前であれば、テレビで中継を見る程度で、留まっていたかもしれない。しかし、最近の若い女性は経済的にも自立していて、ある程度自由に行動できるだけの金銭的基盤がある。そこで、彼女たちの多くが次に始めるのが、テレビで中継を見るだけでなく、国内のレース会場に押し寄せ生で観戦するという行為だ。「日本のロードレースファンは若い女性が多いね」と、海外のロードレース選手が日本に来た時に沿道で応援している女性のあまりの多さに呟いたそうだが、実際に『弱虫ペダル』

の連載が始まってから女性の観客が増えていることは競技観戦者のブログなどでも語られている。

ところが、作品への愛情から生まれた衝動はそれだけでは収まらないこともあり、中にはヨーロッパまで旅行で行き、レース期間中に沿道で応援して帰ってくる人も出てくる。彼女たちの行動は、やはり逐一、ＳＮＳへの写真と文字の投稿で仲間たちに報告され、それを見た別の女性が同じように海外観戦に赴くこともある。

また、自転車競技の場合は女性でも参画可能であることから、プロのレースを見ているだけではあきたらず、自分でも自転車を買い、走り始めるツワモノもいる。そうした女性たちを当て込んでか、最近では女性専用の華やかなウェアやかわいらしい装備を店頭に並べる専門店も増えている。

別の例も紹介しておこう。すでに連載から8年以上経っている『ダイヤのA』という少年マンガ作品である。この作品は、甲子園出場を目指す西東京エリアの古豪チームの野球部の高校生たちの姿を描いたものである。作中では、ひたすら練習に打ち込み努力するスポーツエリートの高校生たちの様子が熱く描かれ、２０１４年にアニメ化されるまでは、ほぼ男性読者しかいないと考えられていた作品だった。

ところが、アニメ化の流れを受けて、突如、女性たちの間で話題になり、この1、2年で、多くの女性ファンを獲得するようになった。２０１５年の夏には、冒頭であげた2・5次元舞台も公演され、やはり高倍率のチケットを勝ち取った女性ファンたちが連日押し寄せ、千秋楽にはスタンディングオベーションの喝采を勝ち取った。

この作品の場合、女性たちの人気が出る前から、夏の甲子園でのコラボレーションやタイアップをすでに行っていたのだが、原作の女性人気の高まりとともに、それまで高校野球など一度も見たことのなかったファンたちが甲子園まで足を運ぶようになった。旅行がてら甲子園まで行き、作品とタイアップしているお弁当を食べたり、グッズを購入したりしながら、数試合、もしくは数日分の試合を見て帰ってくるようになったのだ。

彼女たちの大半は、それまで現実の高校野球の試合など一度も見たことはない。しかし、『弱虫ペダル』の例と同様に、『ダイヤのA』を熟読するという行為を通じて、彼女たちは野球のルールや甲子園でのお作法、甲子園で試合をするということの意義や重みなどを十分に学んでいて、解説を必要とせず、試合を理解して帰ってくる。

そして、そうした国内外での応援の様子や自撮り写真をＳＮＳにアップすることで、さらに「行ってみたい」、「体験してみたい」という欲望を仲間たちにふりまき、喚起させるという構造になっている。

消費型から参加型へ

スポーツを描く少年マンガや、それらを原作に製作されたアニメや2・5次元舞台は、スポーツマンガの女性ファンを増加させ、女性ファンの足を競技場へと運ばせるほどの影響力を持っている。特に、実際のスポーツジャンルと作品やキャラクターとのコラボレーションなどは、爆発的な動員力を持っている（もちろん、可視化されてこないまま、これまでにもそれぞれのスポーツ競技場にはチームやアスリートたちを支える女性ファンはいたのであるが）。

「足を運ばせる」と気軽に書いているが、このことは想像以上に大変な力を持っている。現代スポーツの現場で、ファンを集め、動員することのできなくなった競技がどのような憂き目にあっているか。これらのことを真剣に考えるのであれば、学校教育や家族とのかかわりなど従来とは異なったルートでスポーツの視聴空間やスポーツ競技の場に参画しようとする女性たちの可能性を無視することはできないだろう。

実際の現場に通う女性ファンや、その競技に参画するようになる流れを一過性のブームに終わらせず、競技を支持し続けてもらうために何をどう分析すべきか、もっと真剣に考えてみてもいいのではないだろうか。

（大妻女子大学）

【註】

（1）一般社団法人日本2・5次元ミュージカル協会公式ホームページ（http://www.j25musical.jp/free.php?id=4）より（最終アクセス２０１５年９月10日）。

（2）2・5次元ミュージカルの簡単な歴史については、須川亜紀子（２０１５）「ファンタジーに遊ぶ：パフォーマンスとしての二・五次元文化領域とイマジネーション」（『ユリイカ』47（5）：41-47頁）の42頁を参照のこと。

（3）米沢嘉博（２００２）『戦後野球マンガ史：手塚治虫のいない風景』平凡社新書。

（4）WEB Newtype（http://webnewtype.com/report/article/63733/）より（最終アクセス２０１５年９月10日）。

（5）ミュージカル「テニスの王子様」公式ニュース（http://www.tennimu.com/news/d212）より（最終アクセス２０１５年９月10日）。

特集　女性スポーツの現在

女性のキャリア形成を考える
―就業継続と昇進を促進する要因とは―

麓　幸子

目的

２０２０年には、東京オリンピック・パラリンピックが開催される。スポーツ界にとって世紀の祭典が開催される歴史的なこの年に、日本政府は女性活躍分野で目標を設定している。２０２０年までに指導的な地位に占める女性の割合を３割にするという目標である。２０２０年までに30％達成なので、「２０２０３０」、または略して「２０３０」（ニイマルサンマル）と呼ばれている。政府は目標を設定するだけではなく、女性の活躍を成長戦略の中枢に置き、８月28日には、組織内の女性登用を推進する女性活躍推進法も成立した。

女性活躍推進において、企業では女性管理職（課長相当職以上）登用が重要となる。しかし、日本の女性管理職比率は11％台と先進諸国と比較すると突出して低く（内閣府「平成26年版男女共同参画白書」）、日本における女性のキャリア形成には大きな課題がある。本稿では、女性のキャリア形成を就業継続と昇進という側面から分析し、その課題の解決のために何が必要かを明らかにしたい。

先行研究

(1) 日本企業におけるキャリア形成と女性のキャリア形成

本稿の目的に基づいて、日本企業のキャリア形成と女性のキャリア形成(女性の就業継続と昇進)の先行研究について触れてみたい。

日本企業では、キャリアは長期的な育成を前提として、組織内の2つの移動(配置転換=「横の移動」、昇進=「縦の移動」)で形成される(今田・平田、1995)。長期にいろいろな職務を経験させ、管理職ポストにあう人材かどうかを見極め、「遅い選抜」(小池、2005)で昇進させるのが一般的である。日本では、部長以上に昇進する企業の中枢幹部への選抜は、入社15年前後と入社からかなり時間がたってから行われる(今野・佐藤、2002)。

そのような日本企業において、女性のキャリアはどのように形成されてきたのであろうか。地方銀行5行の女性従業員を研究した松繁・梅崎(2003)、製薬企業で働く女性研修者のキャリアを研究した加藤(2006)など、多くの研究が、早期段階から配置転換(横の移動)で男女差が生じていることを明らかにしている。女性が男性と同じ総合職・基幹職であっても「横の移動」に差が生じるのである。なぜなら、女性に就業継続リスクがあるからである。日本では、最初の子どもの妊娠・出産を契機に6割の女性が職場を去る。そのような就業継続リスクの高い、または家事・育児の負担が生じる可能性の高い女性を育成しても無駄になることが予想されるため、企業は配置転換によって女性のキャリアを伸ばすことに躊躇する。

武石(2009)は、この「統計的差別」によって、女性のキャリアの横の拡大が制限され、十分な技能形成が行われにくく、結果として昇進などのチャンスが制約されると指摘する。川口(2008)も、長期雇用を前提とした長期的人材育成を重視する日本的雇用システムでは、男性より早期離職率が高く、勤続年数が短い女性はなじまないとした。

統計的差別は、男女の就業継続の相違を前提にしたものであり、長期育成にコストがかかる以上は経済合理的との見方があるが、これに異を唱えたのが山口(2013)である。山口は、統計的差別理論に関して、女性が辞めると企業が考えて女性を差別するから女性の意識も高まらずに、実際辞めることになる、「予言の自己成就」であると指摘する。

また、昇進(縦の移動)に関しては、統計的差別による配置転換の制限だけでなく、女性が長期勤続したとしても男性と比べ遅い時期から処遇され、低い職位のまま職業生活を終えるケースも多い。女性が昇進しないのは、「女性に対して企業内育成と昇進のルートを閉ざしている企業の雇用管理のあり方」にこそ要因を求める先行研究もある（武石、１９８７）。

（２）女性のキャリア形成の促進要因

　女性のキャリア形成に関して、就業継続と昇進の側面からそれらを促進する要因をまとめてみたい。女性の就業継続について、大内（２０１２）は、①就業継続や昇進についての考え方などの「個人の意識」、②結婚・出産経験の有無、配偶者や第三者の協力などの「家族状況」、③企業の育成・活用方法やワーク・ライフ・バランス（ＷＬＢ）支援策といった「仕事・職場状況」の３つの要因が複雑に絡んで成り立っているとする。そのうち、③にあるＷＬＢ施策、両立支援策については、多くの研究者が女性のキャリア形成との関係を指摘している。「生活をかなり犠牲にすることを前提とした会社での働き方の見直し」（冨田、２００５）が、女性のキャリア形成にとって重要であるということである（大内、２００３、松繁・梅崎、２００３、森田、２００３）。

　しかし、両立支援策の限界を指摘する先行研究もまた多い。育児休業制度などの両立支援は、就業継続すなわち女性の定着には効果を発揮したとしても、その効果は限定的とみられる。「出産後に仕事を休ませることに解決策を求めても、女性が長期にわたって職場で活躍することにつながらない」（平野、２０１４）。つまり両立支援制度は、就業継続の促進要因にはなるのだが、昇進の促進要因とはなりにくいのだ。

　では、女性が就業継続し、さらに昇進するためには何が必要なのか。武石（２００６）は、「男女均等な雇用管理の定着」と「両立支援策および女性の能力発揮をすすめる男女機会均等策」を重視する。男女均等な雇用管理を前提として、両立支援策と機会均等策を同時に展開することが女性のキャリア形成を進める「車の両輪」であるとする。

　近年、女性の昇進に関する研究では、新たな観点が提示されている。女性管理職８人の聞き取り調査をした石黒（２０１２）は、長年かけて培われた会社に対する信頼関係、仕事そのものの魅力、組織と人に対する情愛的愛着、コミットメント、上司の重要性などを挙げる。民間企業２０人の女性管理職にインタビューした永瀬・山谷（２０１２）は、上司によるチャレンジの創出と仕事を任される経験が女性管理職のキャリア形成に影響を与えているとする。山谷（２０１３）はさらに、子どもを持つ女性正社員２５００人の調査から、上司の職場マネジメントが女性の昇進意欲やモチベーションを高めるために必要であることを示した。

また、女性のキャリア形成に関して人間関係要因を挙げる先行研究は多く、役割モデル（Kanter,1995）やメンターの重要性は多くの指摘があるが、Ibarra, et al.（2011）はメンターではなく、その女性の昇進のために積極的に動く「スポンサー」を重視する。

先行研究から、①職場要因（男女均等な雇用管理、上司の対応等）、②キャリア形成要因（配置転換、よい仕事体験等）、③人間関係要因（メンター、スポンサー等）という3要因が、女性の就業継続と昇進に影響を与えていると考えられる。

調査概要

次に、筆者がマスコミA社の子どものいる女性記者職で副編集長以上の役職に就いている（就いたことのある）者20人を対象にした研究結果を記す。A社の女性従業員に占める子どものいる割合は4割と高い。そのほとんどが記者職であり、子どものいる女性が昇進しているケースも多く見られる。つまり、出産・育児という制約がありながら、女性が就業継続し、昇進しているケースが多いのである。これはA社の記者職において、女性のキャリア形成に関する取り組みが高いレベルで行われていることの証と考えられる。

調査対象者20人のインタビュー結果を、以下の３つのキャリアステージに分け、先行研究で明らかになった３つの要因（①職場要因、②キャリア形成要因、③人間関係要因）について詳細に内容を分析した。３つのキャリアステージとは、まず約30歳までを「初期キャリア」とする。A社の記者職は初任の編集部に5年ほど配属され、30歳頃までに一人前の記者として技能を獲得する。次に、約40歳までを「中期キャリア」とする。ここで、多くの対象者は、出産というライフイベントと昇進を経験する。最後に、約41歳以降を「後期キャリア」とする。編集長・部長に昇格する人も出てくるステージである。

それぞれの要因について、その対象者の発言の分析から、筆者がポイントを以下のように割り振った。発言のなかに「すごく○○だった」「とても○○と思った」という言葉が出た場合は◎＝とても該当する（2点）、それ以下は発言内容の肯定度合いにより、○＝該当する（1点）、△＝やや該当する（0・5点）、×＝該当しない（0点）とした。そして要因別のポイントを合計した。さらに、調査対象の20人を、編集長・部長に昇進した人（またはしたことがある人）を「類型1」、副編集長・次長に昇進した（またはしたことがある）が、その後、編集長・部長に昇進していない人を「類型2」と分類し、類型1と類型2を比較して、その差異を明らかにする。

20人に共通するのは、女性が就業継続して副編集長以上の役職まで昇進した要因であり、類型1と類型2の差異については、さらに編集長・部長級にまで昇進したことに影響を与えた要因と解釈できる。その要因は表のとおりである。ただし、類型2に該当する場合でも、今後昇進して類型1に移行する可能性があることに留意が必要である。

調査対象者の20人のうち、類型1、類型2は、各10人である。大学卒業年次は、80年代が13人、90年代以降が7人である。年齢は50代、40代以下が各10人である。最初の異動年齢は、20代が11人、30代以降が9人である。最初の子どもを出産した年齢は、20代が2人、30代以降が18人で、第一子の出産年齢は平均33・3歳だった。

結論と考察

本研究は、マスコミA社の子どもがおり役職者に就いている女性記者職20人に聞き取り調査を実施、女性が育児期を経て就業継続し、昇進する要因を明らかにすることも目的としている。その結果、初期キャリアでは10要因、中期キャリアでは13要因、後期キャリアでは7要因が抽出された。以下では結論をまとめる。

まず、第一に、初期キャリアにおける職場要因やキャリア形成要因が重要だということである。初期キャリアでポイントが高いのは、「よい仕事体験」（26ポイント）、「記者としての技能形成」（21ポイント）、「女性ハンディのなさ」「記事に対する評価」（各18ポイント）であった。ほぼ全員が男女平等な職場で、男性記者と同様にタフな仕事を与えられ上司に鍛えられた経験を持っていた。初任配属された編集部が、ビジネス誌であれ、技術専門誌であれ、女性誌であれ、それは変わらなかった。女性誌以外は女性ハンディが推測されたが、それはなかった。むしろ「女性記者は珍しかったので取材先からすぐに名前を覚えてもらうなど得なことが多かった」（技術専門誌記者）などメリットを感じる人が多かった。また、多くの人が副編集長から性差の偏りなく仕事を任され、男性記者と同じように厳しく鍛えられた経験を

表　調査対象者 20 人の就業継続と昇進の要因とそのポイント

		要因	類型 1	類型 2	合計	差異
初期キャリア（約30歳まで）	職場要因	男女平等な職場マネジメント	10.0	7.0	17.0	3.0
		初期キャリアの上司の育成行動	10.0	7.0	17.0	3.0
		女性ハンディのなさ	12.0	6.0	18.0	6.0
	キャリア形成要因	よい仕事体験	15.0	11.0	26.0	4.0
		記者としての技能形成	11.0	10.0	21.0	1.0
		記事に対する評価	10.5	7.5	18.0	3.0
		最初の配置転換	7.0	4.0	11.0	3.0
	人間関係要因	初期キャリアのメンター	7.0	4.5	11.5	2.5
		配置転換に影響を与えたスポンサー	1.0	1.0	2.0	0.0
		女性のロールモデル	5.0	1.0	6.0	4.0
中期キャリア（約40歳まで）	職場要因	働き続けやすい職場環境	9.5	4.0	13.5	5.5
		上司の両立への配慮	8.5	7.5	16.0	1.0
		中期キャリアの上司の育成行動	10.0	8.5	18.5	1.5
	キャリア形成要因	成長を実感できる仕事体験	15.0	15.0	30.0	0.0
		新しいキャリア展開の機会付与	11.0	11.0	22.0	0.0
		自分ならではの強み	10.0	12.0	22.0	-2.0
		仕事に対する評価	13.0	12.0	25.0	1.0
		二度目以降の配置転換	7.0	6.0	13.0	1.0
		最初の昇進	9.0	6.0	15.0	3.0
	人間関係要因	中期キャリアのメンター	11.0	7.5	18.5	3.5
		最初の昇進に影響を与えたスポンサー	9.0	3.0	12.0	6.0
		社内ネットワーク	7.0	3.5	10.5	3.5
		働く母親や記者としてのロールモデル	4.0	3.0	7.0	1.0
後期キャリア（41歳以降）	職場要因	上司の昇進への配慮	6.0	4.0	10.0	2.0
	キャリア形成要因	昇進につながるよい仕事体験	5.5	3.5	9.0	2.0
		一皮むける仕事体験	5.0	6.5	11.5	-1.5
		さらなる自分ならではの強み	7.0	9.0	16.0	-2.0
		会社への貢献評価	7.5	6.0	13.5	1.5
		後期キャリアの配置転換	4.0	6.0	10.0	-2.0
	人間関係要因	後期キャリアの昇進に影響を与えたスポンサー	5.5	2.5	8.0	3.0

調査対象者 20 人の就業継続と昇進の要因とそのポイント

注）合計とは類型 1 のポイントと類型 2 のポイントを加算したもの。差異とは類型 1 のポイントから類型 2 のポイントを引いたもの。

持っていた。「この人（副編集長）によって私は記者にしてもらった」という言葉は複数から上がった。その過程で、記者としての技能形成や社内外の評価（読者からの反響、販売部数、世界的なスクープ等）を獲得し、仕事を通じて心がしびれるような達成感・高揚感を感じ、自信を深めていた。初期キャリアでのこのような経験があるため、女性たちは就業継続意欲を高め、中期キャリア以降、仕事と育児を両立するための環境を自ら整えて引き続き仕事に励むという傾向が見られた。山谷（2013）は、第一子妊娠前の女性に対する上司の育成意欲が女性のキャリアにおいて重要だとするが、A社の上司の男女平等な職場マネジメントは、女性の昇進意欲・モチベーションを高めるものだったと言えよう。また、平野（2014）は、女性社員のキャリア形成において若いうちから社会的意義を実感できるような仕事の醍醐味を経験させることが重要とするが、本稿においても同様の結論が得られた。

女性の就業継続と活躍の場の拡大に課題を持つ企業は多い。法定以上の両立支援制度があるものの女性が早期離職してしまう、または就業継続しても昇進する女性が増えないとの課題感があるのであれば、A社のように、自社が男女平等なマネジメントとなっているのか、直属の上司の初期そして中期の仕事の与え方は性差の偏りはないのかなどと、両立支援策ではなく、機会均等策にこそ注目して、それが十分かどうか今一度検討する必要があろう。

第二に、仕事と育児の両立に関しては、20人中19人が育児休業を取得するなど、育児休業制度の利用率が高く、それが両立に寄与しているのは明らかである。しかし、本研究で注目したいのは、20人中14人が働き続けやすい職場だったと回答していることである。マスコミは長時間労働であり、育児との両立に向く仕事とは思われにくいのだが、締め切りを守り、質の高い記事を書くというアウトプットがあれば、働く時間や場所が限定されない、働き方を問われにくい記者職の自己裁量性の高さが奏効しているようである。つまり、育児休業制度などの両立支援制度に加えて、仕事の自己裁量の高さ、働く場所や時間の柔軟性が、女性の就業継続に重要であることが明らかになった。

また、20人全員が保育園に子どもを預けたが、全員が保育園のお迎えを自分ひとりでは担当しておらず、夫や両親、親戚などの家族サポートを得ていた。家族サポートを得られない場合は、ベビーシッター、ファミリーサポート、学生バイト等、実に様々な育児支援資源を活用して、繁忙期には残業できる体制をつくっていた。このことも就業継続には寄与していたと考えられる。初期キャリアの段階で、組織に対して「心理的契約」(服部、2011)が結ばれ、「コミットメント」が高まった女性たちは、「育児は母親（だけ）がやるべきもの」という性別役割分業にとらわれず、夫にも積極的に働きかけて保育園のお迎えを分担し、自主的に育児支援体制を構築していた。そのような平等意識と主体的な行動が就業継続を可能にしたと思われる。

第三に、育児期に当たることが多い中期キャリアでも、上司から引き続き成長できるような仕事を与えられることが、重要なポイントとなっていた。中期キャリアでポイントが高かった要因は、「成長を実感できる仕事体験」（30ポイント）、「仕事に対する評価」（25ポイント）、「新しいキャリア展開の機会付与」「自分ならではの強み」（各22ポイント）である。ここで成長を感じられない負荷の軽い仕事しか与えられなければ、仕事のモチベーションが下がってしまう。平野(2014)は、「出産を経て復帰してきた女性部下は大変そうだから責任のある仕事をさせない」という男性上司のパターナリズムに基づく「優しさの勘違い」が女性の能力開発の機会を制限しているとするが、A社の女性記者たちはそうではなかった。子どもがいても配置転換の対象となり、20人中19人が配置転換を経験し、異動により自分のキャリアの幅を広げている。上司から「専門性の蓄積と継続的な仕事内容の高度化、精緻化」(三輪、2011)が可能なタフな仕事を与えられ、この時期で15人が昇進している。育児期も配置転換という形で訓練投資が与えられたため、女性の役職登用が促進されたと言えよう。育児休業から復帰した女性従業員のパフォーマンスに課題を持つ企業は、上長が「優しさの勘違い」をしていないか、仕事の与え方はどうか、上長の育成意欲と育成行動を分析してみるべきであろう。

また、後期キャリアでポイントが高かったのは、「さらなる自分ならではの強み」（16ポイント）、「会社への貢献評価」（13・5ポイント）、「一皮むける仕事体験」（11・5ポイント）である。40代以降でも新たな技能やスキル習得の場面を与えられていることがわかる。

第四に、昇進要因としては、「スポンサー」が重要だと考えられる。調査対象者は、全員が副編集長・次長に就いた（または就いたことがある）役職者だが、さらに編集長・部長まで昇進するには、昇進の決定に影響を及ぼすような「スポンサー」の存在が認められた。そのスポンサーとして、自分の直属の上司（または上司だった男性）をあげる人が多かった。どこかのステージで、彼女たちと同じ職場にいて、彼女たちが一生懸命働き、成果を出したことで、信頼関係を構築できた上長（編集長、副編集長）が、メンターひいてはスポンサーとなり、昇進の決定に影響を及ぼしたのではないかと推測される。Ibarra, et al.（2011）は、女性管理職を増やすには昇進のために積極的に推進するスポンサーが重要と指摘したが、本研究でも同様の結論が得られた。

一方、女性の昇進には長時間労働要因が影響を与えているという実証研究がある（Kato, Kawaguchi and Owan, 2013）。調査対象の女性たちは、時間制約がないことを前提とした「男性並みの働き方」はしていない。ただし、彼女たちは、夫や母等の支援を得たりベビーシッター等を依頼したりすることで、弾力的な時間で、また場所を限らずに働くことができた。そのため、昇進に必要な職務（重要な企画や主要特集の担当など）に応じることができたとみられる。そのことがシグナルとなってスポンサーから教育投資機会や昇進機会を与えられたと考えられる。

なお、記者職には、職務が明確なこと、客観的な評価が可能であること、高い自己裁量性という特殊性があることも本研究で明らかになった、就業継続と昇進の要因（男女平等な職場マネジメント、初期キャリアの上司の育成行動、よい仕事体験、スポンサーなど）は他の職種でも参考とすることができるだろう。

本研究の課題のひとつは、聞き取り調査が就業継続した人のみであることだ。退職した女性記者職との比較ができれば、就業、継続要因がより明らかとなろう。また、昇進要因については、類型1と類型2の比較により行ったが、そもそも対象者が副編集長以上に昇進していることから比較によって得られた相違点としては、ポイントが低いものしか抽出できなかった。昇進要因に関しては、男性と比較することで、さらに深い分析が可能になると考えられる。女性退職者や男性記者職を含めた研究を行うことを今後の課題としたい。

（法政大学大学院キャリアデザイン学研究科）

【文献】

石黒久仁子（2012）「女性管理職のキャリア形成：事例からの考察」『GEMCジャーナル』7：104‐129頁。
今田幸子・平田周一（1995）『ホワイトカラーの昇進構造』日本労働研究機構。
今野浩一郎・佐藤博樹（2002）『人事管理入門（第二版）』日本経済新聞出版社。
大内章子（2003）「女性ホワイトカラーの昇進と管理職の増加」『グローバル

化と平等雇用』学文社、108-150頁。

大内章子（2012）「大卒ホワイトカラーの中期キャリア：均等法世代の総合職・基幹職の追跡調査より」関西学院大学経営戦略研究会『ビジネス&アカウンティングレビュー』9：85-105頁。

川口章（2008）『ジェンダー経済格差』勁草書房。

加藤豊子（2006）「女性研究者の活用と就業継続の条件：製造業における企業類型の比較から」川喜多喬・小池和男『女性の人材開発』ナカニシヤ出版、129-161頁。

小池和男（2005）「大卒ホワイトカラーの人材開発」『仕事の経済学（第三版）』東洋経済新報社、59-82頁。

武石恵美子（1987）「多様化する女子労働」雇用職業総合研究所編『女子労働の新時代』東京大学出版会、27-108頁。

武石恵美子（2006）『雇用システムと女性のキャリア』勁草書房。

武石恵美子（2009）『女性の働きかた』ミネルヴァ書房。

冨田安信（2005）「大卒女性のキャリアと昇格」『現代女性の労働・結婚・子育て』ミネルヴァ書房、167-183頁。

永瀬伸子・山谷真名（2011）「民間大企業の女性管理職のキャリア形成」『キャリアデザイン研究』8：95-105頁。

服部泰宏（2011）『日本企業の心理的契約』白桃書房。

平野光俊（2014）「企業経営と女性活躍推進の課題：キャリア自己効力感に着目して」『日本労務学会第44回全国大会研究報告論集』20-27頁。

松繁寿和・梅崎修（2003）「銀行業における女性従業員の管理職昇進：キャリアと家庭、二者択一の局面」『日本労務学会誌』5-2：1-18頁。

三輪卓己（2011）『知識労働者のキャリア発達：キャリア志向・自律的学習・組織間移動』中央経済社。

森田美佐（2003）「大卒総合職女性が就業継続を躊躇する要因：継続者と離職者の比較分析」『日本家政学会誌』54-7：521-528頁。

山口一男（2013）「女性活躍の推進と日本企業の機能不全脱却について」経済産業研究所『RIETIポリシーディスカッションペーパーシリーズ13-P-002』。

山谷真名（2013）「上司の職場マネジメントと女性の昇進意欲・モチベーション」『日本キャリアデザイン学会　グローバル社会と地域をつなぐ人材』25-28頁。

Ibarra,H., Carter,N.M.and Silva,C (2011) *Why Men Still Get More Promotions Than Women?* Harvard Business Review, Harvard.（スコィールド素子訳、2011『メンタリングでは女性リーダーは生まれない』ハーバードビジネスレビュー）。

Kanter,R.M. (1995) *Men and Women of the Corporation.*（高井葉子訳、1995『企業の中の男と女』生産性出版）。

Kato, Kawaguchi and Owan (2013) "Dynamics of the Gender Gap in the Workplace: An econometric case study of a large Japanese firm" RIETI Discussion Paper Series ,13-E-038.

INTERVIEW

小野俊介氏

日本女子サッカーリーグ専務理事

【プロフィール】1957 年生まれ。（一社）日本女子サッカーリーグ専務理事。2006 年より（公財）日本サッカー協会女子委員、東京電力女子サッカー部マリーゼGMを歴任。現在、Ｊヴィレッジ取締役統括部長でもある。

なでしこリーグと女子サッカーの現在

聞き手：清水 諭（筑波大学教授／本誌編集委員）

と　き：2015 年 9 月 1 日
ところ：JFA ハウス

INTERVIEW 小野俊介氏 日本女子サッカーリーグ専務理事

女子サッカーの4年

清水 今日は「なでしこリーグ、女子サッカーの現在と未来」というテーマで、代表とリーグの関係や女子サッカーの普及・拡大について、日本女子サッカーリーグの専務理事である小野さんにお聞きします。なでしこジャパンは、2011年ワールドカップドイツ大会優勝という最高の成績を収めたわけですが、小野さんからみて成功の要因は何だったのでしょうか。

小野 日本女子サッカーリーグも27年目になりました。長年積み重ねてきたものがあったから花開いたのだと思います。日本女子代表は1996年のアトランタ・オリンピックに出場しましたが、2000年のシドニー・オリンピックは出場権を獲得できませんでした。シドニー大会出場を逃したときに、日本サッカー協会の中に危機感が生まれ、「女子サッカーにもテコ入れをしなければならない」という考えが出てきました。それまでは、「女子サッカーは女子サッカーの中だけでやっていればいい」という感じだったと思います。

清水 協会としては具体的にどのような強化をしたのでしょうか。

小野 このままでは女子サッカーが廃れてしまうという危機感の中で、男子のスキームを取り入れて、男子の力を借りて同じように強化をしていくという発想が出てきました。それまでは協会の中でも女子部と女子委員会という組織だけで女子サッカーを担当していたのですが、技術委員会で男子も女子も一緒に強化しようということになりました。当時は専務理事が森健兒氏で、技術委員長が現会長である大仁邦彌氏でした。男子の力を借りて何とかしなければならないとなったのが2000年です。その時に私が担当になり、2000年から女子サッカーに関わっています。

清水 その当時、女子の課題は、技術・戦術面ではどのような考えを持って行われていたのでしょうか。

小野 指導に関しては、男子の中で確立されたものがあったので、それをどのようにして女子に落とし込んでいくか、ということだったと思います。しかし、強化を担うシステムが何もなかったので、制度作りは当面の課題でした。男子には、既にトレーニングセンター（トレセン）制度があって活動していましたが、女子にはまだありませんでした。そういったシステムを作っていくことが必要でした。

清水 その後、2012年ロンドン・オリンピックで日本女子代表は銀メダルを獲得しました。その結果、なでしこリーグが注目され、もっと女子サッカーを普及・発展させようという話題が出てきました。そこから２０１５年のワールドカップ準優勝というところまでは、小野さんから見て、どのような流れできたのでしょうか。

小野　人気や社会的な認知度で言いますと、２０１１年まで低い状態だったものが、ワールドカップ優勝を契機に一気に上昇しました。それから少し下がってきて、12年のオリンピックで銀メダルを獲ったのですが、それで上がることはなく、横ばいぐらいだったと思います。そして今年のワールドカップでは、選手が非常に頑張り見事銀メダルを獲得したものの、4年前のインパクトには及びませんでした。一瞬上がりはしたものの、これからどちらの方向へ動いていくか…。残念ながら、大きく観客数が伸びているわけではないのが現状です。良いところにだけ目を向ければ、「ワールドカップで準優勝して世間の注目が集まっている」という言い方もできますが、具体的な数字では、観客数や登録者数がまだまだ十分ではないので、少し不安を抱いています。「一時のブームで終わらせてはいけない」と選手も言っていますが、そういった懸念はあります。

清水　代表のサッカーの特徴は、ショートパスを確かな技術でつなぎながら相手を崩していくところにあると思います。この特徴はこれからも継続されていった方がいいとお考えですか。

小野　それだけではもう勝てなくなってきていると思います。２０１４年の男子のワールドカップブラジル大会まで、世界中がスペイン代表やＦＣバルセロナのサッカーが最高だと言っていましたが、この大会以降、そういったことを言う人は急激に少なくなったのではないでしょうか。ポゼッションをするための技術がサッカーの大事な要素だとしても、それだけでは世界のサッカーには太刀打ちできなくなってきています。技術があることは当たり前になってきていて、世界のサッカーはその上を行き出しています。特に、男子はサッカーのクオリティーが変わってきていると思います。これはあくまで私の個人的な考えですので、詳しくは日本協会技術委員会の方々に話を聞いていただければと思います（笑）。

「なでしこジャパン」と震災

清水　現職の専務理事になる前は、Ｊヴィレッジの取締役統括部長をやられていたのですか。

小野　現在もそうです。ＪＦＡハウスに専従でいるわけではなく、福島のＪヴィレッジにベースを置きながらこちらにも来ているという形です。

清水　アカデミーの子どもたちは福島から静岡に移っているわけですが。

INTERVIEW 小野俊介氏 日本女子サッカーリーグ専務理事

小野 そうですね。今は御殿場にいます。

清水 原発事故の後、Jヴィレッジに物資が置かれましたが、そうしたものの処理についてなされているのですか。

小野 そうですね。今もJヴィレッジは東京電力が原発事故の終息拠点として使っていますが、2018年7月には、トレーニングセンターとして再開する予定です。部分的に利用を再開し、19年4月には全面再開を計画しています。

清水 その時にはアカデミーの選手たちも戻るということですか。

小野 再開したからといって、すぐに昔のように多くのチームや選手の方に来て頂けるかは分かりませんが、日本協会も東京オリンピックに向けて、代表チームのキャンプをJヴィレッジでやると明言されていますので、先ずはそれに間に合わせなければいけません。

清水 11年ワールドカップの際、震災の後ということもあって、サッカー日本女子代表と「日本社会」といわれるものが、「絆」という言葉と重なり、いかにも「なでしこ」が日本の代表になったような言説が多く出ました。震災後の社会的なインパクトは大きかったとお考えでしょうか。

小野 大きかったと思います。明るい話題が何もない時でしたので、社会的なインパクトはかなり大きかったと思います。

清水 選手たちと接していて感じたことはありますか。

小野 震災の影響は、あったと思います。サッカーはメンタルの影響を受けやすいスポーツだと思います。日本があういう状況の中で、選手たちは「私たちが頑張らなければならない！」と強く心に誓ってくれていたと思います。その影響は決して小さくはなかったと感じました。苦しい状況にあったからこそ頑張らければならないということで、集中力も高まったし、モチベーションを高く維持することができたということもあると思います。マイナスの要因がプラスの方向に働いた事象だと思います。しかし、あの時私は福島の東京電力女子サッカー部にいましたので、日本女子代表には関わっていませんでした。正直なところ、当時は非常に混乱した環境の中で、ワールドカップに目が向いていませんでした。試合はテレビで見ましたが、それ以外のところではまったく別の状況下にいました。

女子サッカーの普及・拡大

清水 女子サッカーの普及という側面に関してですが、小学生の時は男子に交じって女子もサッカーをやると思うのですが、中学生になるとサッカーから離れてしまう子どもが多いというのが現状ではないでしょうか。女子のチームが少なく、サッカーがやりたくてもできないという子どもがいるという現状は認識されていると思います。リーグとして、普及に関してはどのような策をお考えでしょうか。

小野　組織的に考えると、本来ならばリーグが考えるというよりは日本協会が考えるべき課題であると思います。非常に無責任な言い方をしてしまうと、我々の主な仕事はリーグ戦の運営にあります。しかし、現実問題として、それだけでは全体がうまく機能していかないと感じます。そこで、なでしこリーグは今年の4月から独自に、15歳以下のリーグであるU‐15なでしこアカデミーカップを立ち上げました。こういった大会を通じて、U‐15年代の女子選手がサッカーに真剣に取組む機会を作って、普及と強化の両方につなげていかなければならないと考えています。

清水　反響はいかがでしょうか。

小野　リーグの加盟クラブはわずか32チームなので、全国に女子サッカーチームが網羅できているとは言えません。しかし、我々の範疇でできるところからアクションを起こし、やれるだけやっていかなければならないと考えています。

清水　技術や戦術の面においては、U‐15のリーグはどうでしょうか。

小野　チームによって差はありますが、かなり上手い子が増えたなと感じます。U‐15のチームに入る前の小学生の時からサッカーを始め、親しんできている選手たちはかなりクオリティーが高いですね。

清水　そこからいい選手が出てくる可能性もありますね。

小野　将来的にはかなり期待できると思います。U‐18年代になると高体連加盟のチームが中心になりますが、中学年代ではなでしこリーグの下部組織である32チームが中心になってくると思います。

清水　U‐18年代に関しては、やはり高体連加盟のチームで活動する選手が多いですか。

小野　中学校を卒業して所属クラブのトップチームにいきなり上がっていく選手もいれば、高体連加盟のチームに行く選手もいます。

清水　U‐18というよりもトップチームになるわけですね。

小野　そうですね。大きなクラブはU‐15・U‐18・トップチームというようなカテゴリーでチームを持っていますが、そうではないチームもあります。いい選手はU‐18のチームがあればそこに上がりますし、なければいきなりトップチームに上がります。また、高体連加盟のチームに行く選手もいます。高校進学などは個人的な問題でもありますが、サッカーでスキルアップしていけば有利な条件で高校から声がかかる場合もあります。

清水　そういった点に関して、女子選手には選択肢が多く用意されていると考えていいのでしょうか。

小野　どうでしょうか。首都圏にいる選手であれば選択肢は多いかもしれませんが、日本全国で見るとそうとは言えませんね。

清水　なかなか普及が進まないというのは、女子が中学校でサッカーをするということに対して何か阻害する原因があるのでしょうか。

小野　女性がサッカーをするには、男性よりも環境を整えなければならない側面はあると思います。例えば、小学生の女の子が泥まみれになってサッカーをするということはなかなか受け入れられにくいのではないでしょうか。しかし、きれいな芝生のグラウンドがあればそれも変ってくると思います。人工芝のグラウンドが普及しつつありますが、日本にはそういった施設がまだまだ少ないのが現状です。

清水　日本の女子サッカー環境はアメリカやドイツとは違うのでしょうか。

小野　男子でも違うと思います。ヨーロッパはサッカーがすべての中心ですよね（笑）。テレビゲームや携帯ゲームはあると思いますが、学校が終わったらみんながサッカーをやる、サッカー以外することがないといった環境ですからね。アメリカでは女子スポーツの中でサッカーが一番人気のあるスポーツです。各学校にも綺麗なグラウンドがあって、ボールを蹴りやすい環境が日本よりもはるかに整っていて、女子スポーツの中でもサッカーが最も取り組みやすいスポーツです。日本ではボールを蹴る環境はまだまだ整っていません。あっても学校の土のグラウンドがあるばかりで、そこでボールを蹴りたいと思う子はなかなかいないですよね。校庭の芝生化は大事だと思います。

清水　芝生の普及は、そういう面で大事なのですね。

小野　サッカーをやりたいと思う女子が10人いても、泥だらけになっても大丈夫な子や男子に交じっても抵抗なくできる子は1人ぐらいですかね。10人のうち9人はサッカーをやる環境が整っていなければ、実際にはプレーをしてくれないのではと思います。

女性指導者の育成

清水　根本的には、女子の部活の指導者が少ないという問題があるように思

いますが、何かお考えでしょうか。

小野　中学校の部活を盛んにしようというプロジェクトに取り組んでいましたが、現実的には一つの学校で一つのチームを持つということは非常に難しい。複数校で女子チームを一つ作るといった活動は文科省も推進してくださり、そういったプロジェクトに取り組んできました。いくつか成果はあったものの、まだまだ十分とは言えません。

清水　日本代表やなでしこリーグで活躍した選手たちが、引退後に指導者になるというサイクルが必要だと思うのですが、そういったサイクルは現状では出来ているのでしょうか。

小野　代表（なでしこジャパン）の監督は男性ですし、私たちのリーグに加盟しているチームでも女性の監督はまだ少ないのが現状です。正確な数ではありませんが、全体の一割強ぐらいでしょうか。あまり多くはありません。現在、U‐19日本女子代表の監督は高倉麻子氏で、コーチも女性です。意図的に女性の指導者を増やしていくということは日本協会も意識していると思います。しかし、全体として数は決して多くはありません。

清水　なでしこリーグ32チームの監督やコーチの女性の割合を増やそうという意図的な働きかけはあるのでしょうか。

小野　具体的な動きはまだ起こしていません。リーグの加盟チームの監督をするには指導者ライセンスを持っていなければいけません。なでしこリーグはS級ではなくA級ライセンスでいいのですが、女性のA級ライセンス保持者も決して多くはありません。まずは、そこを増やさなければいけないと考えています。

清水　S級ライセンス保持者は男性が400人に対して女性は4人という数

が出ていますが、女性の指導者を増やすためには何が必要なのでしょうか。男性の場合は、現役を引退するとそのままコーチをやったり、大学を出て、トップ選手ではなかったけれどもコーチをやったりという、指導に関わろうとする場面が自然にあるような気がします。女性をそのようにしていこうとするのは難しいのでしょうか。

小野　一番大事なことは、指導者になりたいという本人の意欲だと思います。Jリーグができて20年ですが、それ以前男性でサッカーの指導者になりたい人は高校の教員を目指していました。今は女子でも高校のサッカー部が増えてきて、メディアの露出も多くなり、指導者のモチベーションも上がってきていると思いますが、まだまだ男子に比べると絶対数が少ないのが現実です。

清水　各都道府県でライセンスを取る際に、女性指導者を意図的に推薦したり、女子チームの指導者を推薦したりするところをみると、女性を優先しようとしているのかなと感じます。しかし、それでもなかなか出てこないわけですね。

小野　指導しながら生活していけるような環境を自然発生的に待つのではなく、意図的に作っていかなければならないと思います。

清水　しかし、そういった指導者に対して支援をするのは、なでしこリーグの32チームが中心になるわけですね。協会から支援が出るようになれば話は変わってくるのでしょうか。

小野　数万人の男性指導者がいることに比べて、女性の指導者はほんのわずかですから、意図的に協会が2人、3人の指導者と契約することができたとしても、全体としてはもっともっと増やす手立てを考えないといけませんね。

なでしこリーグのクラブ経営

清水　リーグでは、クラブ経営に関してのガイドラインを作り、クラブの力を上げていこうと活動されているわけですが、現在のクラブ運営にはどういった問題があるでしょうか。

小野　一言で言えば財政力です。安定的な運営をしているクラブもありますが、全体で見ていくとまだまだ資金力が不足しているということは間違いないと思います。

清水　安定的な運営をしているクラブというのはINAC神戸レオネッサや浦和レッズレディースなどといったクラブでしょうか。

小野　そうですね。INAC神戸は別として、Jリーグの下部組織のチームが財政的に安定しているのは間違いないと思います。ハード面もしっかりしていますし、現場の指導者だけでなく、クラブを運営していくことができる人材もいます。そういった意味でも安定していると言えると思います。

清水　なでしこリーグ32チームにおいて、クラブ経営を上手く進めるためにはどのようなことが必要なのでしょうか。

小野　どうすればいいでしょうか…。何かいいアイディアがあったら教えていただきたいくらいです（笑）。チケット収入やグッズ収入、テレビの放映権料収入だけでクラブが回るかといえば、とても回らないわけです。そこでスポンサーの力を借り、負担を求めなければならないのが現実です。先日、あるクラブの経営状態が危機的状況にあるということを発表しなければなりませんでした。人材を確保し、クラブ力を保つという、理想的なクラブ経営ができるだけの財源を、各々のクラブが持っているとは言えないのが実情です。それぞれのクラブの問題としてだけではなく、リーグ全体の問題としてとらえ、女子サッカー全体でレベルアップしていき、サッカーを仕事にできる人の数を増やしていかなければいけないと思います。

清水　女性のサッカーだからということが理由で、スポンサーを獲得しにくいと感じたことはありますか。

小野　スポンサー獲得が簡単でないのには、様々な理由があると思いますが、先ず一般の方々に「女子サッカーを観に行きたい」と思わせられるかどうかが大事だと思います。興味を持つ方が増えれば、企業の方の関心も高まるはずです。サッカーそのものの在り方もそうでしょうし、見せ方も大事だと思います。例えば読売ジャイアンツは、年間１４３試合しても満員になるほどのお客様に来てもらえるようなシステムができていて、そこに行けば楽しいものが見られるということが外部に伝わっていると思います。女子サッカーの楽しさが上手く伝わっているのかどうか。そう考えると、我々の課題は山積していると感じます。

清水　澤選手や宮間選手といった世界的にもトップレベルの選手がいると思うのですが、なかなか観客動員数は増えませんか。

小野　平均観客数はもともと１６００人ぐらいで、そんなに多くありませんでした。２０１５ワールドカップが終わって今は倍近くになりましたが、まだそれぐらいですね。各クラブがチケット収入をベースとしてチーム運営をやっていくのはまだ難しいですね。

清水　小野さんからみて、ある程度理想的であるといいますか、将来像を見せてくれているようなクラブはありませんか。

小野　1クラブに限定するのは難しいですね。Jクラブの下部組織として女子チームを持っている形が一つのパターンだとすると、その対極に女子チームだけでやっているようなＩＮＡＣ神戸があって、どちらが良いというようなことは一概に言えないと思いますし、どちらのクラブ形態があってもいいと思います。あとは岡山湯郷ベルのように、地元の自治体が町の活性化の一環としてチームを作ったところから発展してきたチームもありますが、いろんな成り立ちがあっていいと思います。そういった背景は別にして、各クラブが独自の色を出しつつ独立していればいいのですが、そういった意味ではＩＮＡＣ神戸が一つのモデルになるのではないでしょうか。戦力も整えられていますし、観に行きたいと思わせる選手もいます。ただ、スポーツ文化の在り方として、本来であればワールドカップやオリンピックで活躍した日本代表をなでしこリーグに観に行くのではなく、「自分の地域にある女子クラブを応援したい」となっていかなければ、クラブにサポーターは根づいていかないと思います。今は「ワールドカップやオリンピックに出ていた選手を観に来た」というケースの方が多いですし、自分の地域にあるクラブを観に行くかといえばそうではありません。

清水　サッカーというと、どうしても男性をイメージし、男性のプレーを観に行くというような歴史性があります。女性たちのプレーで観客を魅了し、観客を惹き込むようなものが何かないかなと思うのですが。例えば女性用の商品を取り扱っている企業が支援し、女性の観客を呼び込んでサッカーを観せながら広告するというような取り組みはやられていますか。

小野　取り組んでいます。リーグとしてはそういった企業の方となるべくお付き合いしたいと考えていますし、かなりの数の企業の方とお話をさせていただいていますが、なかなか形になるところまでいかないというのが現状です。スポンサーメリットを実現する環境をいかにして整えていくかが、今後の重要な課題ですね。

なでしこリーグと日本女子代表の未来と可能性

清水　女子サッカーを「このように変化させることができれば、日本のスポーツ界を動かしていくことに繋がるのではないか」というようなビジョンはありますか。

小野　そんな大それたことはなかなか言えませんが…何とかして今の観客数を倍にしなければならないと思います。花火がドーンと打ち上がって、すべてが変わってうまくいくというようなことはないと思います。ワールドカップで優勝、オリンピックで準優勝、そして再びワールドカップで準優勝という形でつながってきています。来年のリオ・オリンピックでメダルを獲ったとしても、これまでの流れから見て、瞬間的に観客数が増えはしますが、それから先のリーグ戦でどれだけの人に試合に足を運んでもらえるか。これは決して簡単ではないと感じています。普段行っているリーグ戦に足を運んでもらえるようにならないと、女子サッカーが根づいたということにはならないのではないでしょうか。メディアに取り上げてもらえることは大変ありがたいことです。我々の努力でそこから先を繋げていかなければなりませんが、まだまだ力不足を感じます。

清水　女性が行うほかの競技と比べる中で、サッカーが持っている強みはありますか。

小野　個人的に色々なスポーツを見るようにしていますし、特に女子スポーツに関してはよく見るようにしています。女子バスケットボールはいい選手が出てきていて、可能性の高まりを感じます。どの種目でも必ず言えることは、キャラクターが立つといいますか、「この選手を応援したいな」と思える選手が出て来なければ、人々の注目を集めることは難しいのではないかと思います。女子バレーボールや女子バスケットボールのオリンピック予選が行われていますが、テレビを見ていると、興味を引く選手、痛快な気分にさせてくれる選手がいます。サッカーにもそういった選手が出て来なければいけないと思います。澤選手は、非常に多くの方々が彼女の頑張りに共感していますし、「最後の最後に何とかしてくれる」という期待を抱かせるようなところを彼女は持っていますので、そこが多くの人に受け入れられたのではないでしょうか。感情移入できるような選手が常に出てきてくれることも大事だと思います。

清水　宮間選手は非常にクールで、全体の状況を考えていますし、試合が終わればしっかりと分析して話しておられます。澤選手とは違った意味で非常に重要な選手だと思います。その次の世代の選手が出てくるのはまだ難しいのでしょうか。

小野　意図的に若い選手を表に出していく様なことが必要なのかもしれませんが。メディアの方が自然とフォーカスしたくなるような選手が出て来て欲しいですね。

清水　「なでしこリーグ、女子サッカーの未来をこうしたい」というような考えはありますか。

小野　まずは選手の数が増えてくれる

INTERVIEW 小野俊介氏　日本女子サッカーリーグ専務理事

ことです。日本協会は２０１５年までに選手数を30万人まで増やしたいと発表していたのですが、まだ、そこまで届いていません。

清水　現在は大体5万人ぐらいでしょうか。アメリカやドイツが１００万人単位と言われています。

小野　日本の登録制度がきっちりしているので、数字上は増えにくいということはありますが、日本がまだ欧米の女子サッカーのように、人々に浸透していないことは間違いありません。まずは「サッカーをやりたい」と思う子どもたちを増やしていくことが大切だと思います。その次に、「サッカーをやりたい」と思っても、サッカーができない場合が非常に多いので、小学校や中学校の授業でもいいですし、身近にそういったクラブがあってもいいですが、様々な受け皿を作っていかなければいけないと思います。その一つとしてのU‐15なでしこアカデミーカップだと考えています。２０１６年リオ・オリンピックがあり、19年に女子ワールドカップがあり、20年に東京オリンピックがあります。そして、23年の女子ワールドカップ招致に日本協会は手を挙げる意思表示をしました。２０１６、19、20、23年の一連の流れが女子サッカーに火をつけるチャンスだと考えています。逆にそこで人々の支持を得ることができなかったら、その次のチャンスはなかなか巡ってこないと思うので、そこに向けてどうやっていくかですね。特に２０２０年の東京オリンピックは大きいと思います。そこでの成功を23年のワールドカップにつなげたいですね。

清水　そうすると東京オリンピックの盛り上がりと成績が大事になってきますね。

小野　とても大事ですね。

清水　やはり、この先の5、6年において、どのように策を講じていくかが重要になってきますね。本日はお忙しい中、ありがとうございました。

インフォメーション

女性スポーツデータ（20世紀から21世紀へ）

工藤保子

はじめに

改めて20世紀初頭、1901年頃から女性のスポーツ実施の状況がわかるデータを探してみたが、長期にわたり把握できる全国調査は見当たらなかった。現在も実施されている調査としては、総務省統計局の「社会生活基本調査」が1976年から、公益財団法人日本生産性本部の「レジャー白書」が1977年から、内閣府等の「体力・スポーツに関する世論調査」が1979年から。笹川スポーツ財団実施の「スポーツライフに関する調査」が1992年からと、いずれも20世紀の半ば以降から開始されている。そこで一つの指標として、オリンピックへの日本の女性選手の参加状況に関するデータを紹介し、参考としたい。

近代オリンピックにみる女性選手数の割合

20世紀直前の1900年は、第2回の近代オリンピックがパリで開催され、女性がはじめて参加できるようになった記念すべき年である。ただし大会全体の参加選手数997名に占める女性選手の割合は22名、わずか2％であった。なお、日本人女性がはじめて参加したのは、28年後の第9回アムステルダム大会（1928年）で、唯一参加した人見絹枝選手が、陸上の800m走で銀メダルを獲得したのは有名な話である。ちなみに、日本人男性は1912年の第5回ストックホルム大会から参加しているが、長年、女性と男性の参加者数には格差があり、女性の参加者数が約半数を占めるようになったのは、1996年の第26回アトランタ大会以降で、まだ20年ほどしかたっていない状況である（図表1）。

一般成人女性のスポーツ実施状況の経年変化

20世紀の、いわゆる一般成人女性のスポーツ実施の状況が把握できるデータとして図表2を紹介したい。近年は「体力・スポーツに関する世論調査」の名で実施されている全国調査で、1965年（昭和40年）時は、当時の総理府が調査主体となり、「スポーツに関する世論調査」の名で実施していた。1979年（昭和54年）から現在の調査名で総理府・内閣府が実施しており、最新の2013年は文部科学省が調査主体として実施している。図表2は、1年間に何らかの運動やスポーツを1回以上実施した者の割合を男女別に示したもので、50年間の推移を把握することができるデータである。

1965年の状況をみると、男性の実施率58％に対して、女性は36％と男女間で22ポイントの差がみられる。また、当時の成人女性の6割以上が1年間にまったく運動・スポーツを行わない「非実施

図表1　近代オリンピック大会（夏季）日本の参加選手数（一部抜粋）

回	年		開催地	女性	男性	計
1	1896	明治29	アテネ	0（0）	0（0）	0
｜						
9	1928	昭和3	アムステルダム	1（2.3）	42（97.7）	43
｜						
15	1952	27	ヘルシンキ	11（15.3）	61（84.7）	72
｜						
20	1972	47	ミュンヘン	38（20.9）	144（79.1）	182
｜						
25	1992	平成4	バルセロナ	82（31.2）	181（68.8）	263
26	1996	8	アトランタ	150（48.4）	160（51.6）	310
27	2000	12	シドニー	110（41.0）	158（59.0）	268
28	2004	16	アテネ	171（54.8）	141（45.2）	312
29	2008	20	北京	169（49.9）	170（50.1）	339
30	2012	24	ロンドン	156（53.2）	137（46.8）	293

資料：日本スポーツとジェンダー学会「スポーツ・ジェンダー：データブック2010」2010より作成

図表２　成人の運動・スポーツ実施率（性別、年１回以上）

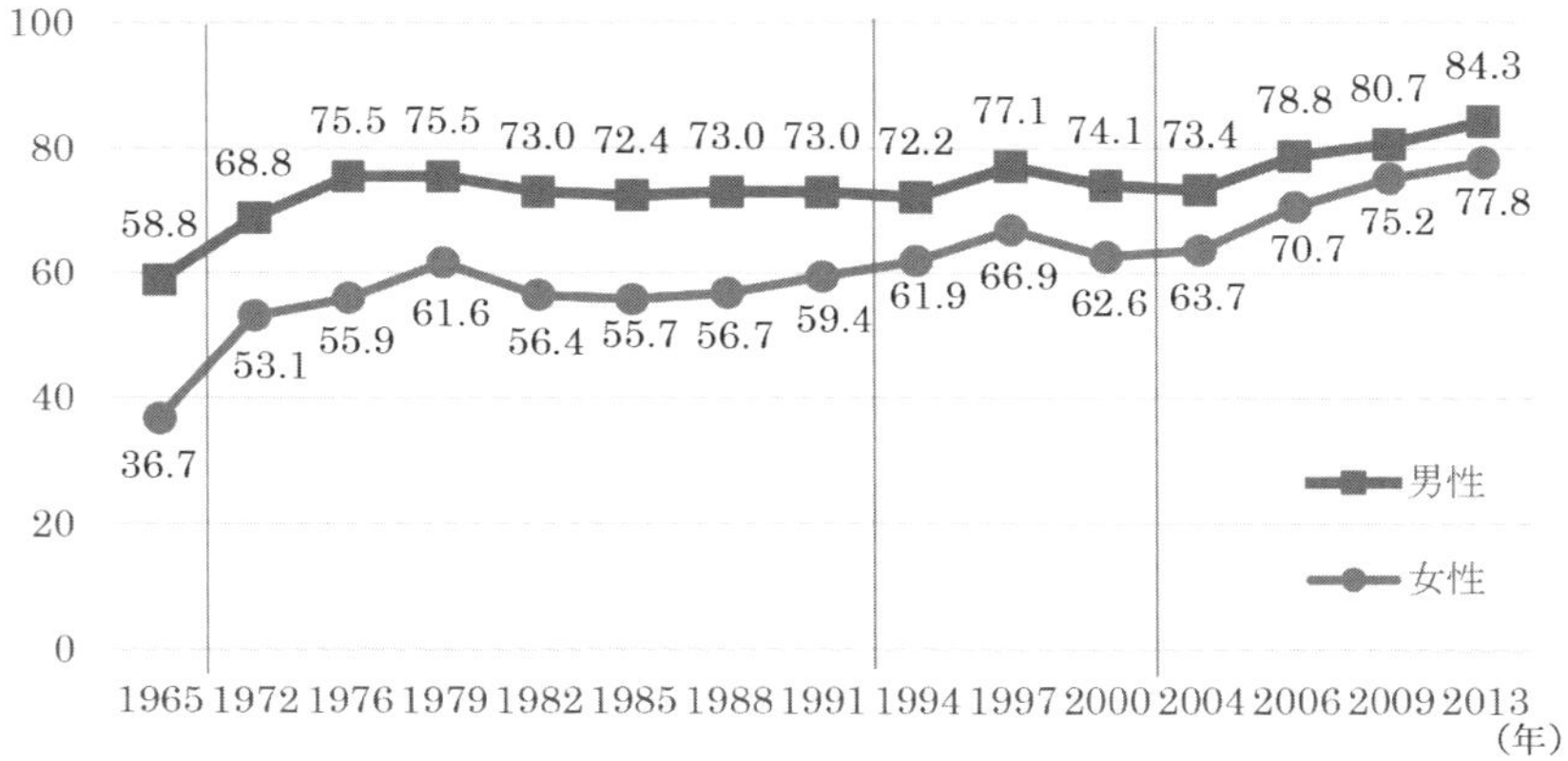

資料：内閣府「体力・スポーツに関する世論調査」2004、2006、2009、文部科学省「体力・スポーツに関する世論調査」2013、笹川スポーツ財団「スポーツ白書」1996より作成

者」であったことも確認でき、その割合の高さに驚かされる。

以降20年間程、男女のスポーツ実施率は15ポイント前後の開きで推移しており、約20年前の１９９４年にその差は10ポイントに縮まり、その後10年ほど続く。男女差が10ポイントを下回るのは、約10年前の２００４年の調査からで、最近の２回の調査では、男女差が５ポイント前後になっていることが確認できる。このデータから、21世紀に入りようやく運動・スポーツ実施の男女差が縮まってきたという状況が確認できる。

女性のスポーツ実施の現状を世代別に確認

21世紀に入り、男女差がなくなりつつあるようにみえる運動・スポーツ実施率だが、実際の状況を未成年も対象に含め、最新のデータで確認してみたい。笹川スポーツ財団が実施する成人、10代、４～９歳を対象にした全国調査「スポーツライフに関する調査」の結果をまとめた。

図表３は、世代別に年１回以上、週１回以上の運動・スポーツ実施率をまとめたものである。成人では、年１回以上の実施率の男女差は６ポイントと、図表２の「体力・スポーツに関する世論調査」と同様の結果であった。ただ、週１回以上の定期的な実施状況をみると、男性36％に対し、女性が26％と、定期的な実施ではまだ、男女で

図表3　運動・スポーツ実施率（世代別）　（%）

実施頻度	性別	成人（2014年）	10代（2013年）	4～9歳（2013年）
年1回以上	全体	73.6	87.0	98.1
	男性	76.8	91.8	97.9
	女性	70.6	81.9	98.5
週1回以上	全体	57.2	76.7	96.3
	男性	36.3	84.3	96.0
	女性	26.9	68.5	96.8

資料：笹川スポーツ財団「スポーツライフに関する調査」2014、「10代のスポーツライフに関する調査」2013、「4～9歳のスポーツライフに関する調査」2013より作成

10ポイントの差があることがわかる。

10代をみると、年1回以上の実施率は男性91%に対して女性が81%と、10ポイントの差がみられ、週1回以上の定期的な実施では、約16ポイントと男女差はさらに開いている。

一方、4～9歳では、年1回以上、週1回以上の実施ともに男女差は無く、わずかながら、どちらも女子の実施率の高い特徴がみられる。4～9歳の女子の実施率の高さは、いわゆるスポーツではなく、運動あそびが主となっているが（実施種目については後述）、身体を動かしている割合が男女で差がないのは事実で、その実施率が10代に継続されていないことも確認できた。

年代・学校期・年齢別に確認

（1）成人

成人の運動・スポーツ実施頻度を性別・年代別に、より詳細に集計したのが図表4である。「非実施者」の割合をみると、男女で10ポイント以上の差があるのは、20歳代と70歳以上であった。20歳代女性が同年代の男性と比べて、全く身体を動かさない割合の高いことが確認できる。

また、男女共に高齢者層の実施・非実施の二極化がみられた。特に女性の60歳代、70歳以上では、アクティブスポーツ人口を含めて週2回以上実施している割合が61%、50%と半数を超える一方で、「非実施者」の割合も60歳代女性の4人に1人、70歳以上の女性の3人に1人となっている。また、女性のアクティブスポーツ人口の割合が、60歳代で23%と成人女性の中で最も高い割合を示したのも、男性とは異なる特徴といえる。

（2）10代（10～19歳）

「10代のスポーツライフに関する調査」は、対象者が小学校4年生から、上は大学生、勤労青年まで含まれるた

図表4　成人の運動・スポーツ実施頻度（性別×年代別）

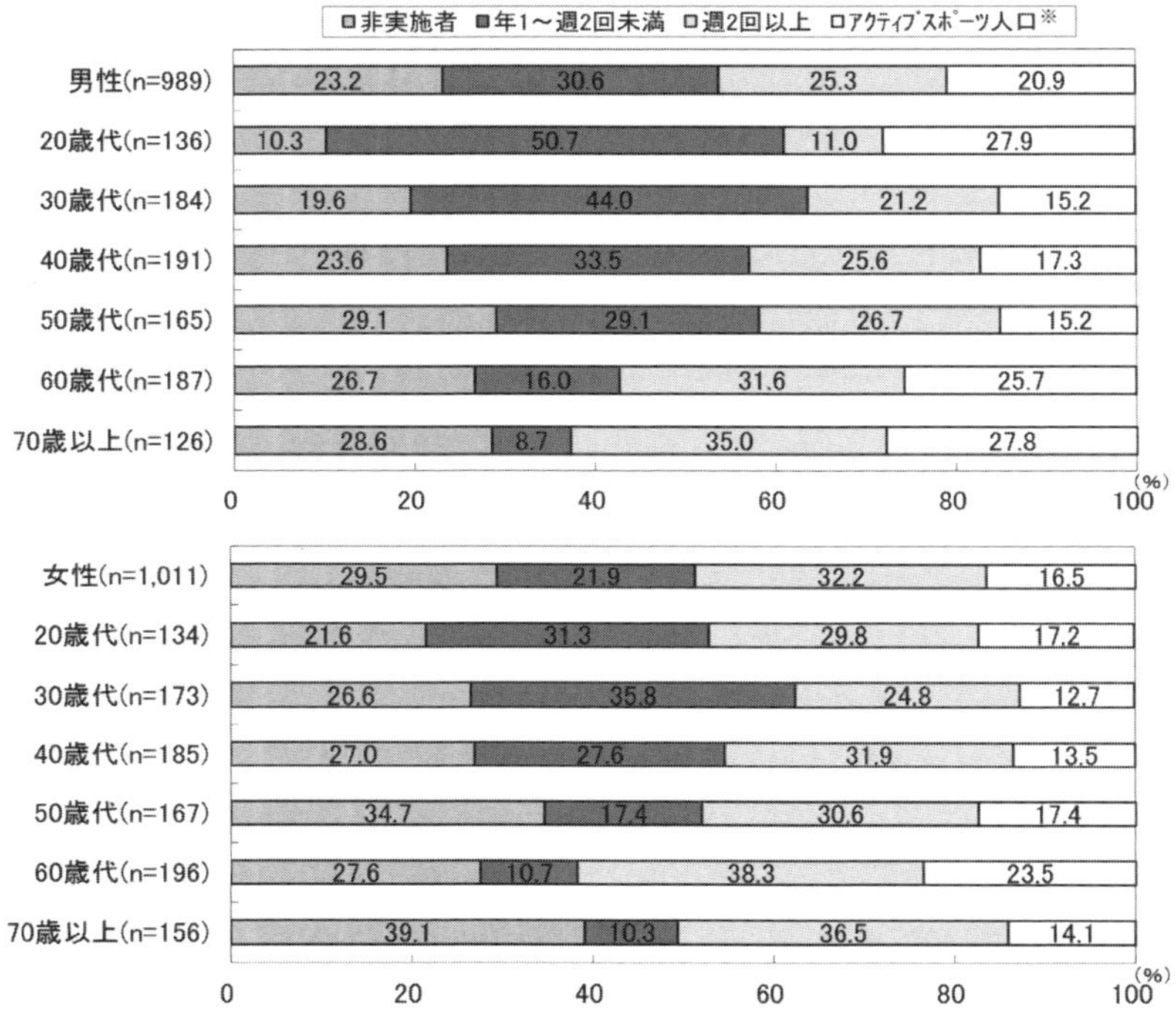

資料：笹川スポーツ財団「スポーツライフに関する調査」2014
※アクティブスポーツ人口とは、週2回以上、1回30分以上、運動強度「ややきつい」以上の条件を満たしている者

め、学校期別で集計した結果を紹介する。図表5のとおり、小学校期では男女であまり差はみられないが、中学校期・高校期・勤労者の「非実施者」をみると、女子の割合が、それぞれ男子を10ポイント、14ポイント、16ポイント上回っており、10代の実施率の男女差は、中学校期・高校期・勤労者の男女差が反映された結果であることがわかる。

(3) 4～9歳

図表6は、「4～9歳のスポーツライフに関する調査」（対象は幼稚園の年中・4歳児クラス年代から小学校4年生）の運動・スポーツ実施状況を4群に分けて集計した結果に、10歳代と20歳代も合わせたものである。週7回以上実施の「高頻度群」に注目すると、4歳から8歳まで、女子の「高頻度群」が男子を上回っているが、9歳（小学

図表5　10代の運動・スポーツ実施頻度（性別 × 学校期別）

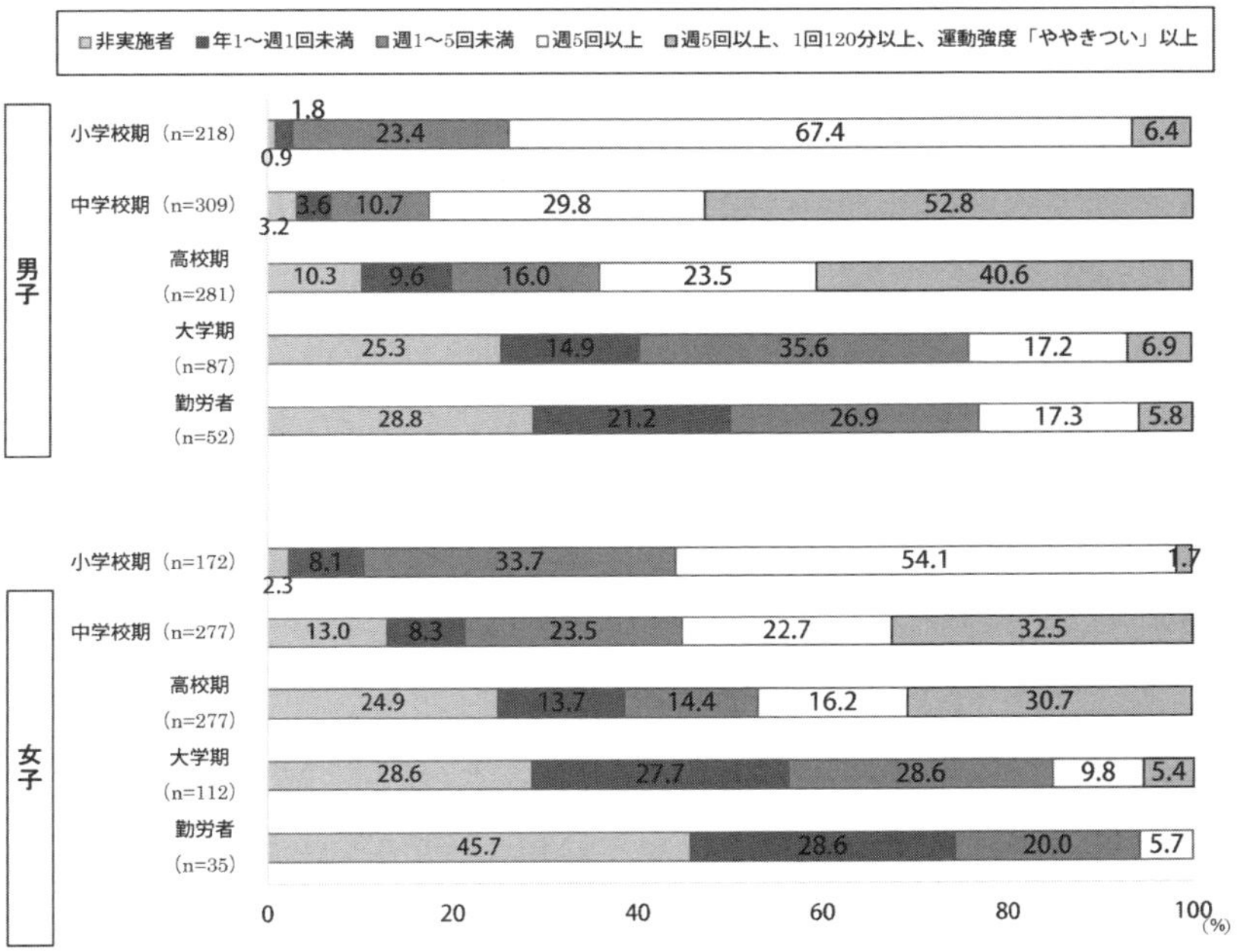

資料：笹川スポーツ財団「10代のスポーツライフに関する調査」2013

図表6　4歳から20歳の運動・スポーツ実施頻度群※（性別 × 年齢別）

（%）

男子	4歳 (n=52)	5歳 (n=97)	6歳 (n=105)	7歳 (n=103)	8歳 (n=126)	9歳 (n=140)	10歳 (n=83)	11歳 (n=102)	12歳 (n=100)	13歳 (n=99)	14歳 (n=105)	15歳 (n=109)	16歳 (n=73)	17歳 (n=113)	18歳 (n=99)	19歳 (n=83)		20歳代 (n=136)
非実施群	1.9	5.2	1.9	2.9	0.8	0.7	2.4	0.0	1.0	3.0	4.8	4.6	6.8	11.5	23.2	27.7	→	10.3
低頻度群	25.0	19.6	21.0	13.6	7.9	9.3	8.4	10.8	11.0	9.1	8.6	11.0	12.3	22.1	35.4	43.4		59.6
中頻度群	34.6	27.8	28.6	33.0	38.9	35.7	32.5	35.3	23.0	27.3	28.6	33.0	31.5	28.3	19.2	22.9		16.9
高頻度群	38.5	47.4	48.6	50.5	52.4	54.3	56.6	53.9	65.0	60.6	58.1	51.4	49.3	38.1	22.2	6.0		13.2

女子	4歳 (n=47)	5歳 (n=83)	6歳 (n=92)	7歳 (n=92)	8歳 (n=117)	9歳 (n=157)	10歳 (n=55)	11歳 (n=98)	12歳 (n=87)	13歳 (n=93)	14歳 (n=95)	15歳 (n=88)	16歳 (n=92)	17歳 (n=95)	18歳 (n=88)	19歳 (n=91)		20歳代 (n=134)
非実施群	2.1	0.0	4.3	0.0	2.6	0.6	1.8	2.0	8.0	8.6	21.1	15.9	21.7	30.5	34.1	31.9	→	21.6
低頻度群	14.9	9.6	18.5	13.0	12.8	15.9	20.0	28.6	21.8	24.7	22.1	20.5	17.4	23.2	34.1	52.7		44.8
中頻度群	34.0	20.5	27.2	29.3	29.1	31.2	34.5	37.8	25.3	24.7	28.4	23.9	27.2	17.9	25.0	11.0		23.9
高頻度群	48.9	69.9	50.0	57.6	55.6	52.2	43.6	31.6	44.8	41.9	28.4	39.8	33.7	28.4	6.8	4.4		9.7

※頻度群の条件：低頻度群「年1回以上週3回未満」、中頻度群「週3回以上週7回未満」、高頻度群「週7回以上」
資料：笹川スポーツ財団「4～9歳のスポーツライフに関する調査」2013、「10代のスポーツライフに関する調査」2013、「スポーツライフに関する調査」2014より作成

3年・4年）を境に男女での逆転現象がみられ、以降の年齢では「高頻度群」で女性が男性を上回ることはない。

一方「非実施者」では、女子の14歳（中学2年・3年）で2割を占め、17歳（高校2年・3年）で3割を占め19歳まで続く。男子の「非実施者」と比べて、その割合の高さに驚かされる。

女性の実施種目の現状

これまでの実施率の男女差の要因のひとつに、実施種目が関係しているのではないかと推察している。図表7は、女性の各世代の実施種目上位10位をまとめたものである。

各世代の男性の実施種目と比較して女性の特徴的な種目としては、4～9歳の「一輪車」、10代の「バレーボール」、成人の「ヨーガ」があげられる。特に、成人女性の「ヨーガ」人気は、

図表7　女性の運動・スポーツ実施種目（世代別、上位10位）

成人女性（n=1,011）		
順位	実施種目	実施率（%）
1	散歩（ぶらぶら歩き）	37.2
2	ウォーキング	27.9
3	体操（軽い体操等）	23.3
4	筋力トレーニング	9.0
5	ボウリング	8.0
6	水泳	7.1
7	ヨーガ	7.0
8	バドミントン	6.6
9	なわとび	6.2
10	ジョギング・ランニング	6.1

10代女性（n=882）		
順位	実施種目	実施率（%）
1	おにごっこ	29.3
2	バドミントン	26.9
3	なわとび（長なわとび含む）	25.2
4	ぶらんこ	22.4
5	ジョギング・ランニング	22.1
6	バレーボール	21.5
7	ドッジボール	20.3
8	水泳（スイミング）	20.2
9	バスケットボール	19.0
10	ウォーキング	18.3

4～9歳女性（n=588）		
順位	実施種目	実施率（%）
1	おにごっこ	70.2
2	ぶらんこ	61.6
3	自転車あそび	58.3
4	なわとび（長なわとび含む）	55.4
5	かくれんぼ	55.1
6	鉄棒	53.1
7	水泳（スイミング）	48.6
8	かけっこ	43.2
9	ドッジボール	37.6
10	一輪車	28.2

資料：笹川スポーツ財団「4～9歳のスポーツライフに関する調査」2013、「10代のスポーツライフに関する調査」2013、「スポーツライフに関する調査」2014より作成

2006年ごろから現れ、以降も継続している。「ヨーガ」とひとことにいっても、ビーチヨガ、ホットヨガ、マタニティーヨガ、ピラティスなど、様々なバリエーションがあることから、成人女性のニーズに合っているのではないかと思われ、今後の調査でも注視していきたい。

最後に、女子の実施率の高かった4〜9歳年代の種目をみると、スポーツ系の種目は「水泳」「ドッジボール」の2種目のみで、あとはいわゆる運動あそびが主となっていた（図表7）。一方、同年代の男子は「水泳」「ドジボール」の他、4歳の幼少期から「サッカー」や「野球」などのスポーツ系の種目に親しんでおり、10代へと継続して実施していることがわかっている。

女性は幼少期からいわゆるスポーツ系の種目に親しみ継続できる環境にあまりないのではないか。また、10代の女性で実施率の高い「バドミントン」「バレーボール」「バスケットボール」に幼少期から親しむ環境にないことが、10代の女性の運動・スポーツ実施率が上がらない要因ではないかと考える。あるいは、そもそも、10代の女性に実施したいと思えるような種目が現状では提供できていないのかもしれないと推察する。

まとめ

20世紀から21世紀の現在までの運動・スポーツ実施率の現状を確認してきた。今後、世論調査における成人男女の実施率がイコール、もしくは逆転する時は来るのだろうか。今こそ、女性の運動・スポーツ実施率を上げるための積極的な施策の展開が期待される。21世紀半ばに向けて、その経過を追い続けていきたいと考えている。

（笹川スポーツ財団スポーツ政策研究所）

【文献】
笹川スポーツ財団（1996）「スポーツ白書」
笹川スポーツ財団（2013）「4〜9歳のスポーツライフに関する調査」
笹川スポーツ財団（2013）「10代のスポーツライフに関する調査」
笹川スポーツ財団（2014）「スポーツライフに関する調査」
内閣府（2004）（2006）（2009）「体力・スポーツに関する世論調査」
日本スポーツとジェンダー学会（2010）「スポーツ・ジェンダー：データブック2010」
文部科学省（2013）「体力・スポーツに関する世論調査」

時評

アメリカの女性スポーツ

及川彩子

アメリカで取材活動を始めて、10年近くの年月が経った。取材した選手、コーチ、大学などもかなりの人数になった。米国の女子選手の待遇、女性スポーツの環境などには、いろいろと考えさせられるものがある。

日米に共通するスポーツ奨学生

2012年に陸上の全米選手権がオレゴン大学のヘイワードフィールドで開催された。そこで出会った女子学生たちから興味深い話を聞いた。

一軒家をシェアして暮らす3人はフランス、ドイツ、南アフリカからそれぞれオレゴン大学にテニス留学をしていた。ヨーロッパにも素晴らしい大学があるはずなのに、なぜわざわざこんな片田舎のオレゴンにと聞くと、こんな答えが。

「ヨーロッパでは大学に行きながらスポーツをするという手段はないから」

怪訝な表情をする私に、彼女たちは続けた。

幼い頃からテニスに親しんできたため、大学に入ってからも競技としてテニスを続けたかった。でも、大学で勉強もしたい。しかし、ヨーロッパの多くの国では、大学は「学問をするための場所」であり、競技スポーツを行う場所ではない。その2つを両立できるのは、アメリカの大学だったのだと言う。日本やアメリカではごく当たり前のシステムだが、世界的に見れば例外的なものと知った。

ヨーロッパ出身の彼女たちはスポーツ奨学金を獲得して、米国への留学を果たした。夢を叶えるために自国を離れるということは、まったく問題ではなかったという。

「スポーツ奨学生」は日本の大学にも存在するが、しかし日米のシステムには大きな違いがある。

それは男女平等という点だ。

米国では1972年にタイトルⅨという法律、つまり政府の補助金を受けている教育機関では、男女の性別によって教育や活動機会を差別してはいけないという規則が作られた。それは学業だけではなく、スポーツ活動も該当し、男子の野球やアメリカンフットボールなどに与えられていた練習環境や奨学金を、女子学生にも平等に提供しなければならなくなった。

米国女子スポーツにとって、画期的で大きな法律となったのは言うまでもない。これまで「男女は平等でなくてはいけない」と言いながらも、特に明確な法律がなく曖昧にされてきたことが、この法律によって、守られなくてはならなくなった。規則違反をした場合は、ＮＣＡＡ（全米大学体育協会）から厳しい処罰が下されるため、多くの大学が遵守に努めている。

米国の大学で看板スポーツになっているのは、アメリカンフットボールで、多くの大学が莫大な予算とエネルギーをかけている。バスケットボールも人気スポーツの一つではあるけれど、集客力が異なるため、アメリカンフットボールには少し劣る。アメリカンフットボール強豪校の多くは、莫大なお金を投入して、巨大なスタジアムを建設し、シーズンチケットなどを通じて多くの利益を得ている。ちなみにオハイオ大学やミシガン大学は10万人以上を収容できるスタジアムを持っている。5万～6万人が平均だが、収容人数を増やすためにわざわざ建て替える大学もたくさんある。

大学のコーチたちは、リクルートの解禁時期が来ると有力な高校生に声をかける。しかし、好きな選手をとり放題というわけにはいかない。タイトルⅨが彼らの前に立ちはだかるからだ。例えばＮＣＡＡ一部に所属するアメリカンフットボールチームは、全額給付の奨学金を付与できる人数が4学年あわせて85人と決まっている。つまり1学年20人程度だ。アメリカンフットボールはケガをすることも多い競技なので、一人でも多くとりたいというのが現場の本音だろうが、そうはいかない。

次に人数が多いのがアイスホッケーで18人、バスケットボールが13人、陸上とラクロスが12・6人、野球が11・7人となっている。

強豪校では２００人近い男子学生が全額給付の奨学金を受け取っているが、女子にももちろん同等数が割り当てられる。女子で最も人数が多いのは、意外にも漕艇で20人、次いで陸上とアイスホッケーが18人、バスケットボールが15人、乗馬、水泳、サッカーが14人。10人以上の割当があるのは、男子は6競技、一方の女子は13競技と大きな差がある。もちろん全額ではないが、一部給付を受けていたり、一般入部の選手もいるので、全体人数はもう少し多くなるが、男女平等の規則によってアメリカンフットボール以外の男子の競技が煽りを受けていることは明らかだろう。

一方の女子は、各スポーツで世界のトップレベルに台頭している。タイトルⅨの恩恵を結果として現しているのが女子サッカーかもしれない。１９９１年に始まったワールドカップで優勝したのを皮切りに、優勝3回、7大会連続で3位以内、オリンピックでもアトランタ大会以降、4大会中3度優勝と抜群の成績を挙げている。

１９９６年のアトランタオリンピッ

ク決勝では8万人を動員しているが、これは当時の女子スポーツ史上最高の観客動員数だった米国チームのスター選手、ミア・ハムがスポーツをする女子の憧れの存在になり、女子サッカー人口の増員に貢献したとも言われている。昨年のブラジルワールドカップで米国男子がベスト16まで進出し、男子サッカーの認知度も上がってきているが、アメリカでサッカーブームを作ったのは、紛れもなく女子チームと言えるだろう。

環境や待遇の改善は必須

大学レベルでは男女平等のスポーツも、卒業すれば競技や性別によって大きな格差がある。プロになった彼女たちには厳しい現実が待ち受けている。

差が大きいスポーツとしては、バスケットボール、ゴルフ、サッカーあたりが挙げられる。バスケットボールやサッカーなどは、大学時代は同じ待遇、環境だったにもかかわらず、プロになると男女の格差は大きい。

今年、米国は女子ワールドカップで優勝したものの、国内リーグの経営状態は依然として厳しい。現リーグ『NWSL（ナショナル・ウィメンズ・サッカーリーグ）』は2012年に発足し、9チームで活動しているが、過去に経営不振によって2度も解散している。ワールドカップでの活躍により今季の観客数は若干伸びたものの、来季以降には不安が残る。

年俸などの待遇面だけではなく、環境も男女差は大きい。2014年のシーズンに川澄奈穂美選手（現INAC神戸レオネッサ）がシアトルレインFCでプレーしていたので、東海岸ニュージャージー州を拠点にするスカイブルーFCとの対戦を観に行った。試合当日は、あいにくの土砂降り。4月下旬ながら気温は10度前後で、とても厳しいコンディションだった。試合終了のホイッスルが鳴ると同時に、選手たちはガタガタと震えながらロッカーに小走りで戻っていった。が、そこはロッカーとは名ばかりの、用具置き場のよう場所。シャワーなどもちろんなく、選手たちは濡れたユニフォームの上にジャケットを羽織ってバスに乗り込み、宿泊先のホテルに戻っていった。同じニュージャージーを拠点にし、サッカー専用のスタジアムを持つ男子チーム『ニューヨークレッドブルズ』とは雲泥の差だった。

今季のサッカー女子ワールドカップはカナダで開催されたが、人工芝を使用しているスタジアムがあり、女子選手たちが男子との環境面の違いを国際サッカー連盟に訴えている。結局、「人工芝でも問題ない」と声明が出され、大会は行われたが釈然としない気持ちが残った。

人工芝は体への負担が大きいと言われている。先述した米国男子サッカー

時評　アメリカの女性スポーツ

リーグ「ニューヨークレッドブルズ」に去年まで所属していた元フランス代表のティエリ・アンリは、人工芝のスタジアムで行われるアウェイの試合はケガを理由に欠場することが多かった。そういう事実を無視し、女子選手に負担を強いるのはいかがなものだろうか。

女子ワールドカップで優勝した米国チームが獲得した賞金額は200万ドル、昨年の男子ワールドカップでベスト16だった男子は900万ドルと4倍以上の差がある。スポンサーの数や人気の高さの違いと片付けてはいけない問題だ。

賞金額の格差の是正を叫ぶ女子選手もいる。

アマチュアスポーツの多くは、賞金額が男女同等に設定されている。陸上の場合、世界選手権、各種マラソンなどの賞金は男女同一に設定されている。テニスはツアー大会ではまだ差があるが、4大大会での賞金額は同じに設定されているが、未だ大きい格差があるのが女子ゴルフだろう。

例えば今季のメジャーの試合をみると、7月に行われた全米女子オープンの賞金総額は450万ドル、優勝賞金は81万ドル。一方男子の全米オープンは賞金総額1000万ドル、優勝賞金は180万ドルになっている。

昨年の賞金女王に輝いたステイシー・ルイス（米国）は「女子は試合数も少ないし、賞金も男子より少ない。その差を少しでも解消したいし、ゴルフをしている子どもたちが憧れるような環境にしたい」と訴える。ルイスは、自身のスポンサーに対して、大会スポンサーになるように積極的に働きかけるなど、女子ゴルフ界のリーダー的な存在だ。しかし「私一人の力は小さすぎる。女子ゴルフには世界各国から様々な選手が来ているのだから、彼女たちにも同じような活動をしてほしい」とも言う。テニスのように女子選手が協力しなければ難しいということをルイスは痛感している。

1972年に制定されたタイトルⅨから43年、米国の女子スポーツを取り巻く環境は大きく変わった。しかし、未だに男女格差は存在する。テニスの女子選手が声高に訴え、4大大会で男子と同等の賞金額を勝ち取ったように、女子選手そしてスポーツに関わる女性が一人一人が高い意識を持ち行動に移せば、少しずつではあるがその差は埋まるのかもしれない。

決して恵まれているとは言えない環境で懸命に戦う女子選手たちの取材をするのは、記者として大きな喜びである。彼女たちがより輝ける環境を作るために、まずは自分にできることを考えていきたいと思う。

（スポーツライター）

時評

新国立競技場問題

落合　博

はじめに

混乱と迷走の末、２０２０年東京オリンピック・パラリンピックの主会場となる新国立競技場の整備計画は振り出しに戻った。だが、計画の見直しを求める建築家グループや市民団体の声に耳を貸そうとせず、「国際公約」を掲げて世界でも例のない巨大スタジアムの建設を推進してきた人たちは誰ひとり責任を取ろうとしなかった。新国立はこの国にはびこる無責任体質の象徴でもある。

安倍晋三首相は２０１３年９月、ブエノスアイレスの国際オリンピック委員会（ＩＯＣ）総会で新国立の完成予想図を紹介しながらプレゼンテーションを行っていたこともあり、当初は見直しに否定的だった。それが一転して今年7月17日に白紙撤回を発表した背景には、国会で審議中だった安全保障関連法案が支持率低下の要因となる中、国民の支持をつなぎとめたいとの思惑があったことは否定できない。

意思決定歪めた有識者会議

白紙撤回後、整備計画が策定された経緯や総工費が乱高下した原因などを検証していた文部科学省の第三者委員会は9月24日、関係者延べ30人以上へのヒアリングなどを基にまとめた報告書を下村博文文部科学相に提出した。

報告書は、国家的プロジェクトに求められる適切な組織体制を整備できなかった事業主体の独立行政法人日本スポーツ振興センター（ＪＳＣ）、監督する立場にあった文科省の責任を指摘した。また、権限と責任を持ったプロジェクト・マネジャーが組織の中に明確に位置づけられておらず、関係組織間の役割分担、責任体制が不明確であったため、意思決定プロセスの透明性が確保されていなかったことも指摘された。

権限と責任の所在があいまいのまま、国家プロジェクトに対する認識の甘さや判断の遅れに対し、早期にチェックして修正するメカニズムが機能しなかったのはなぜか。

開閉式の屋根を備えた8万人収容のスタジアムという構想を打ち出していたＪＳＣの有識者会議について、第三者委員会の柏木昇委員長（東大名誉教授）は報告書を提出した後の記者会見で「有害無益だった」と断じた。

国立競技場の将来構想を検討する有識者会議は２０１２年１月、河野一郎ＪＳＣ理事長の諮問機関として設置され、ザハ・ハディド氏の案を採用した

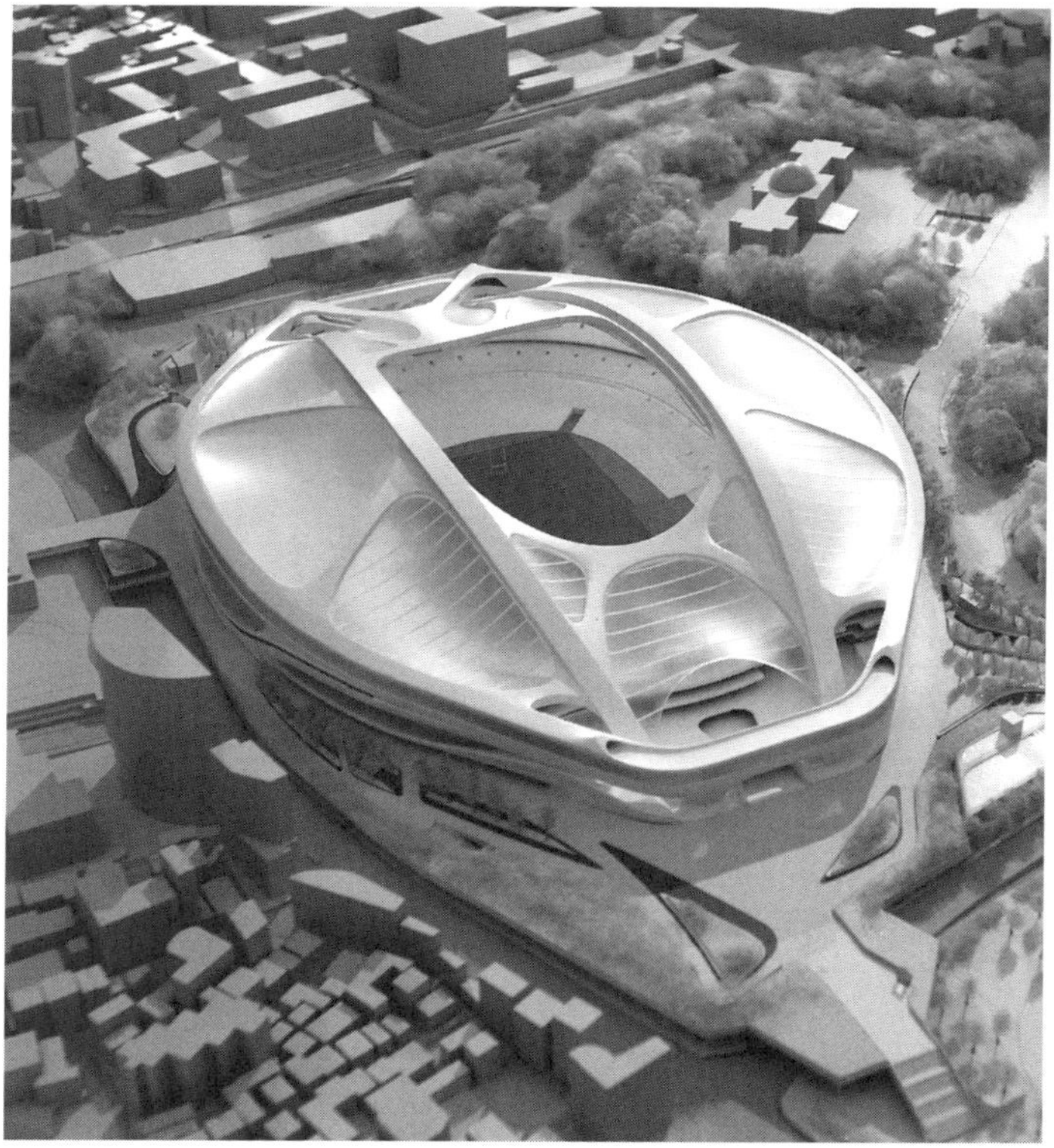

白紙撤回された新国立競技場の模型（2015年7月7日、落合博撮影）

デザイン選定にも関わった。

委員には森喜朗元首相（当時は日本ラグビー協会会長）をはじめ、スポーツ議員連盟の政治家、日本オリンピック委員会（ＪＯＣ）や日本体育協会、日本サッカー協会などの長、著名作曲家ら「各界の重鎮」（報告書）が顔をそろえた。会議は利益代表者でもある彼らの陳情の場と化し、１２８項目すべてが計画に盛り込まれた。巨大スタジアムは、すべての要望に応えようとした結果である。

有識者会議とはどんな存在だったのか。第三者委員会のヒアリングに河野理事長が「独立行政法人という性格上、文科省の了解を得ずに決定ということは基本的にはなかった」と話したのに対し、下村文科相は「ＪＳＣの有識者会議でまとまったことに対し、文科省からだめとは言えない」と答えている点に注目してほしい。

国立競技場将来構想有識者会議（2015年7月7日時点の委員）

安西祐一郎	日本学術振興会理事長
安藤　忠雄	建築家
小倉　純二	日本サッカー協会名誉会長
★佐藤　禎一	元文部省事務次官、国際医療福祉大学大学院教授
鈴木　秀典	日本アンチ・ドーピング機構会長
竹田　恒和	日本オリンピック委員会会長
張　富士夫	日本体育協会会長、元トヨタ自動車会長
都倉　俊一	作曲家、日本音楽著作権協会会長
鳥原　光憲	日本障害者スポーツ協会会長
馳　浩	スポーツ議員連盟事務局長、衆議院議員（自民）
舛添　要一	東京都知事
森　喜朗	東京オリンピック・パラリンピック大会組織委員会会長
横川　浩	日本陸上競技連盟会長
笠　浩史	大会推進議員連盟幹事長代理、衆議院議員（民主）

※五十音順、★は座長、2015年7月23日解散

下村文科相でさえも議論を覆しにくい雰囲気を感じた背景には関係者が「重鎮」に配慮し、河野理事長の諮問機関に過ぎない有識者会議があたかも重要事項を決定する機関となっていた実態がある。報告書は有識者会議が「実質的な主導権や拒否権を持つことを許した」ことで意思決定が歪んだと認定している。

元首相の威光と執念

居並ぶ「重鎮」の中で最も大きな影響力を発揮していたのが東京大会組織委員会会長を務める森元首相だった。

当初は非公開で、第4回から報道陣に傍聴が許された有識者会議で森氏が議論の流れを作る場面を見た。総工費が2520億円に膨らんだ実施設計を了承した7月7日の第6回会議では冒頭に発言の機会を与えられ、国家プロジェクトの重要性を訴え、計画の妥当性を強調していた。異を唱える「重鎮」は誰もいなかった。その存在感は圧倒的だった。

安倍首相が白紙撤回を発表する直前、わざわざ官邸に招いて最後に了承を求めたのも森氏である。計画を見直し、工期に余裕を持たせようとすれば2019年9月開幕のラグビー・ワー

ルドカップ（W杯）に間に合わない。父親がOBだった早稲田大学ラグビー部に数カ月ではあるが籍を置き、日本ラグビー協会の会長としてW杯日本大会の招致に骨を折った森氏にとって、新国立でのW杯開催は強い希望だった。

首相との面談後、森氏は「誰にも責任はない」と言ったかと思えば、直前のテレビ番組では「(責任者は）文科大臣ですね」と下村氏に批判の矛先を向けた。数日後に行われた日本記者クラブの記者会見では「大変迷惑している」「私には関係がない」「発言権がない」「(責任は）全体で負わなきゃならん」「日本の役所というか、機構上の問題だ」「犯人みたいなのを出してプラスにならない」と責任の回避に終始した。

すべて森氏の責任とは言わないが、責任の一端はあるのではないか。仮にもこれが総理を務めた人の発言なのかと、あきれかえるのと同時に情けない気持ちになった。２０２０年に83歳となるこの人をトップにいただく組織委員会は、世界が注目するスポーツの祭典を成功に導くことができるのか。不安と懸念は膨らみ続けている。

有識者会議の委員で第三者委員会がヒアリングをしたのは、建築家の安藤忠雄氏だけだった。森氏は「新競技場の整備に責任のある立場ではなかった」との理由で対象から外れた。これが間違った判断であることは言うまでもないだろう。森氏だけでない。スポーツ議員連盟の幹事長で、今年6月にオリンピック・パラリンピック担当大臣に就任するまで委員を務めていた遠藤利明衆議院議員（自民）からもヒアリングをすべきだった。

8月に設置された第三者委員会は、限られた権限と時間の中で多岐に渡る問題点を指摘して、混乱と迷走の様相をある程度明らかにすることはできた。だが、何を置いても真っ先に向き合わなければならなかった人物を避けたことで、なぜ国家プロジェクトに対する認識の甘さや判断の遅れを早期にチェックし修正するメカニズムが機能しなかった原因を解明することはできなかった。

本来権限のない人がその領分を超えて口を出し、しかし責任は負わない。そのつけを背負わされるのは現場の人たちだ。ヒアリングの結果判明したこととして報告書は、「終わりに」の部分に「本プロジェクトに関わった多くの人が真摯に仕事に取り組んできたことである」と記している。示唆的な一文である。

粛々と進められる立ち退き計画

遅すぎた白紙撤回を複雑な思いで受

け止めた人たちがいることを知ってほしい。

新国立競技場建設予定地の南側に約１３０世帯が暮らす都営団地「霞ケ丘アパート」がある。前回１９６４年東京オリンピックを控えた60年に建設が始まり、開会式が行われた51年前の10月10日、競技場の上空に飛行機が五輪のマークを描くのを自宅の窓から見たという住民もいる。

新競技場の敷地の拡大に伴い、アパートは取り壊されるため、高齢者が6割程度を占める住民は来年1月までの立ち退きを迫られている。

話を聞かせてくれた80代の一人暮らしの女性は戦前、父親の仕事の都合で東京から旧満州（現中国東北部）に渡り、戦後になって命からがら引き揚げてきた。「ここで一生を終えるつもりで入居した。2年くらい前に計画見直しとなっていれば引っ越さなくてもすんだかもしれないが、今となってはね。悲しいというより悔しいです」と話した。

2年前とは、総工費が最大で3千億円に達することが分かった２０１３年夏ごろで、建築家の槇文彦氏が計画の大幅な見直しを求める論文を日本建築家協会の雑誌で発表した時期と重なる。第三者委員会の報告書も13年9月から年末にかけてが計画をゼロベースで見直すタイミングであったことを指摘している。

東京都は予定通り、アパートを取り壊し、住民に転居を求める方針だ。舛添要一知事は9月5日の記者会見で「新国立にはバリアフリー対応とか、さまざまな設備を作らないといけない。そうするとアパートの敷地を活用せざるを得ない」と理由を挙げたうえで「私が知事になる前から、ずっと続いてきていることなので、この件は粛々と進めるしかない」と述べている。

スポーツの大規模イベントは都市再開発（ジェントリフィケーション）を加速させる。２００７年陸上世界選手権大阪大会、２０１０年サッカーW杯南アフリカ大会、２０１２年ロンドン五輪では多くの人々が住む場所を追われた。街は「きれい」になる。一方で、古くからの住民の姿は見えなくなり、地域のつながりは断ち切られる。

オリンピックが放つ光にとらわれず、影の部分も記憶にとどめ、語り継いでいかねばならない。

（毎日新聞）

新国立競技場問題の経過

2009 年 7 月 28 日	2019 年ラグビー W 杯の日本開催が決定。主会場は日産スタジアム
2011 年 2 月 15 日	ラグビー W 杯議員連盟が国立を 8 万人規模に再整備するよう決議
7 月 16 日	東京都が 2020 年五輪・パラリンピックへの立候補を表明
2012 年 2 月 13 日	東京都が招致申請ファイルを IOC に提出。国立の工費は 1000 億円
3 月 6 日	国立の将来構想を検討する JSC の有識者会議が初会合
11 月 15 日	JSC が国際コンペでザハ・ハディド案を選定。工費は約 1300 億円
2013 年 1 月 7 日	東京都が招致立候補ファイルを IOC に提出
8 月 15 日	建築家の槙文彦氏が建設計画の問題点を指摘する論文を発表
8 月 20 日	JSC が周辺整備費を含め 1358 億～ 3535 億円の 7 案を文科省に報告
9 月 7 日	東京が 2020 年五輪・パラリンピックの開催都市に決定
10 月 19 日	総工費が最大で約 3000 億円に膨らむとの見通しを毎日新聞が報道
11 月 7 日	槙氏らが規模の縮小や情報の開示を文科省などに要望
11 月 25 日	市民団体が計画の再考を求める要望書を文科省などに提出
11 月 26 日	有識者会議が 4 回目で初めて公開。総工費は 1852 億円
2014 年 5 月 28 日	第 5 回有識者会議が基本設計案を了承。総工費は 1625 億円
2015 年 3 月 3 日	国立の解体工事が始まる
5 月 18 日	下村博文文科相が東京都に周辺整備費として約 500 億円の負担を要請
6 月 5 日	槙氏らが約 1000 億円のコスト削減につながる代替案を提言
6 月 29 日	下村文科相が総工費は 2520 億円になることを公表
7 月 7 日	第 6 回有識者会議が実施計画を了承。開閉式屋根の設置は先送り
7 月 17 日	安倍晋三首相が整備計画を白紙に戻し、ゼロベースで見直すと発表
7 月 21 日	政府が計画を再検討する関係閣僚会議の初会合を開催
8 月 28 日	政府が 1550 億円を上限とする新たな計画を発表。
9 月 1 日	設計と施工が一体となったコンペの応募を開始
9 月 24 日	文科省の第三者委員会が検証報告を公表

時評

ＦＩＦＡの現状を考える

大住良之

国際サッカー連盟（ＦＩＦＡ）をめぐる激震は、地震にとどまらず、巨大火山の「大噴火」の様相を呈し始めている。

２０１５年５月下旬に現役の副会長を含む役員・元役員がスイスで逮捕されて始まった騒動。６月上旬には５期目に再選されたばかりのジョゼフ・ブラッター会長（スイス）が辞意を表明。16年２月に会長選挙が行われることになっていたのだが、９月にはジェローム・バルク事務総長（フランス）が「ワールドカップ・ブラジル大会（14年）のチケット販売で不正を働いた」との報道を受けて職務停止となり、さらにスイスの検察当局がブラッター会長自身の事情聴取を行い、その中でヨーロッパサッカー連盟（ＵＥＦＡ）のミシェル・プラティニ会長（フランス）に巨額の不正支払いをしたという疑惑まで浮上した。

16年２月の会長選挙に向けての立候補締め切りは10月26日。「大本命」に挙げられていたのが７月に意思表明したプラティニだった。07年にＵＥＦＡの会長に就任して８年、サッカーについての着実で先進的なビジョンと実行力で支持を集めてきた。これまでＦＩＦＡの会長選にチャレンジしたことはなかったが、今回の激震を受けて自ら世界のサッカーのリーダーとなることを決意したのだ。

そのプラティニがＦＩＦＡの理事になったのは02年のことだったが、それ以前、99年からブラッター会長の顧問を務めていた。その顧問料という名目で２０１１年２月にＦＩＦＡから２００万スイスフラン（当時のレートで約１億７５００万円）が支払われたという。この年の６月にはＦＩＦＡ会長選が行われ、ＵＥＦＡの会長のプラティニはＦＩＦＡの副会長職にもあった。プラティニはブラッターを支持し、ブラッターは４選を果たした。

ことし９月、ＦＩＦＡは２０００年にＩＯＣの組織改革に加わったフランソワ・カラール（スイス）を組織改革委員会の委員長（ＦＩＦＡから独立の存在）に任命、16年２月の新会長決定とともに新しい道を編み出すべく動きを始めているが、その会長の最有力候補に発覚したスキャンダルに、混乱は深まっている。

「震源地」は５月の７人逮捕の告発元であるアメリカ、その依頼を受けて逮捕に踏み切っただけでなく独自にＦＩ

ＦＡの不正捜査を始めているスイスにとどまらない。南米や北中米カリブ海の各国、アフリカ、アジアと、世界中に広がろうとしている。事態は日々動き、予断を許さない。この記事は２０１５年９月末日現在の「中間レポート」にすぎない。

１９７４年６月11日、西ドイツ（当時）のフランクフルト。マイン川に面したインターコンチネンタル・ホテル。ここで開催された第39回ＦＩＦＡ総会こそ、歴史の変わり目だった。第10回ワールドカップ開幕を前に行われたこの総会で会長選挙が実施され、ブラジル出身のジョアン・アベランジェが現職のサー・スタンレー・ラウス（イングランド）を68票対52票で下し、第８代のＦＩＦＡ会長に就任したのだ。

ＦＩＦＡの創立は１９０４年。70年間で７代の会長がいたわけだが、すべてヨーロッパ人だった。ヨーロッパ以外から会長が生まれたのは初めてのことだった。

その背景には、第二次世界大戦後のアジア、アフリカの植民地解放、独立ラッシュがある。

２０１５年現在で、ＦＩＦＡには２０９の国あるいは地域のサッカー協会が加盟し、おおざっぱに言って「大陸」ごとの６つの「地域連盟」でグループを組む形になっている。ワールドカップなどの世界大会は地域連盟ごとに出場枠が割り当てられ、地域連盟内の予選で出場国が決まる。地域連盟と、その傘下に入っているＦＩＦＡ加盟国数は以下のとおりである。

アジアサッカー連盟（ＡＦＣ）46
アフリカサッカー連盟（ＣＡＦ）55
北中米カリブ海サッカー連盟（ＣＯＮＣＡＣＡＦ）35
南米サッカー連盟（ＣＯＮＭＥＢＯＬ）10
オセアニアサッカー連盟（ＯＦ）11
ヨーロッパサッカー連盟（ＵＥＦＡ）52

第２次世界大戦終了時には、ヨーロッパ（33）と南米（９）だけが現在の数に近く、ほかは微少な存在だった。アジアは７カ国、アフリカは１カ国だけ（エジプト）、北中米カリブ海は10カ国、オセアニアも１カ国（ニュージーランド）だけだったのだ。

１９０４年当時、ＦＩＦＡの創設メンバーはわずか７カ国だったが、すべてヨーロッパの国だった。

６つの地域サッカー連盟の大半は第二次世界大戦後に設立されているが、南米（ＣＯＮＭＥＢＯＬ）だけ飛び抜けて古く、１９１６年に設立されている。航空機が未発達でヨーロッパから南米までの船旅に数週間を必要としていた時代、南米のサッカー関係者たちの意図は、「ヨーロッパのＦＩＦＡ」に対抗する、あるいは同じ機能を果たす組織を南米にもつくろうということだった。

逆に言えば、ヨーロッパではFIFAが地域連盟の役割を果たしていたので、地域連盟設立の必要性を感じなかったのだ。UEFAの設立は1954年のことである。

当然、FIFAの運営はヨーロッパ中心で、南米の意見も重視されたものの、他の地域は眼中になく、FIFA（=ヨーロッパ）は南米と調整さえしておけば問題が起きない組織だったのである。

1966年にイングランドで開催されたワールドカップを巡って大きな事件が起こる。このころにはFIFA加盟国は129カ国に達し、アジアは28カ国、アフリカは33カ国と急成長を遂げ、37カ国のヨーロッパは全体の3割を割っていた。北中米カリブ海は17カ国、オセアニアは4カ国だった。

ところがFIFAは、アジア、アフリカ、そしてオセアニアに対し「合計で1」という出場枠しか与えなかった。当時のワールドカップは16チームの大会で、他の出場枠は、南米が前回チャンピオンのブラジルを含んで4、北中米カリブ海が1、そしてヨーロッパが開催国イングランドを含んで10だった。

FIFA加盟国数でいえば29％に満たないヨーロッパが、62・5％もの出場枠をもっていってしまうのだ。合計して65協会、FIFAの半数を占めるアジア、アフリカ、オセアニアに合計1枠というのは、不合理そのものだった。

この大会の総エントリー数は70カ国。うち32カ国がヨーロッパだった。オリンピックを重視していた日本などアジア勢（この当時は、ワールドカップ出場選手にはオリンピックの出場資格がなかった）はわずか2カ国のエントリーにすぎなかったが、アフリカは16カ国がエントリーした。そしてアフリカの全エントリー国と韓国が組んで開催国が予選を棄権、アジアとアフリカが組んで開催するはずだった一次予選から唯一棄権しなかった北朝鮮が残り、オセアニアから唯一エントリーしたオーストラリアと対戦、カンボジアのプノンペンで2試合をして北朝鮮が勝ち残った。

FIFAは次の1970年大会にはアジアとアフリカにそれぞれ1枠を与えたのだが、「ヨーロッパ対アジア・アフリカ」という対立の図式は消えず、「サッカーを真に世界のものとする」という理念を掲げ、アジアやアフリカへの発展支援を約束したアベランジェが旧態依然としたFIFAに支えられたラウスを退けたのは当然の結果だった。

ワールドカップの出場枠は今日も実績（過去のワールドカップでの成績）が考慮に入れられているが、FIFAの会長選挙は加盟協会に等しく与えられた1票をどれだけ集めるかにかかっているからだ。

そしてアベランジェはその約束を守るために何よりも「資金調達」の必要性に迫られる。


今日ではチューリヒの北西の丘陵地の4万4000平米という広大な敷地に本部を置き、400人もの専任スタッフをかかえるＦＩＦＡ。しかし1904年に誕生してから四半世紀以上はパリの裏通りに賃貸の小さな事務所にボランティアの事務総長とパートタイムの秘書が勤務するだけの組織だった。

収入は加盟協会の会費と、国際試合の入場料収入の1パーセントだけ。会費の納入はしばしば遅れ、代表チーム同士の正式な国際試合にせず「○○選抜」のような名称で試合を行ってＦＩＦＡへの報告を逃れる例もあった。

ＦＩＦＡの財政基盤を根本から変えたのは、1930年に始まったワールドカップだった。その入場料収入の2パーセントを活動資金にできるようになって、ＦＩＦＡは成長を始める。1932年にはスイスのチューリヒに本部を移し、1955年には中央駅前の賃貸の事務所から初めて自前で購入した「ＦＩＦＡハウス」に移った。だがそれでも、ＦＩＦＡは年間予算が100万スイスフランという質素な組織にすぎなかった。

変化をもたらしたのはテレビだった。

ワールドカップのテレビ放映が最初に行われたのは1954年のスイス大会のことだったが、1960年代にはいると受像機の普及が進み、本格的なテレビ時代が到来する。1961年にＦＩＦＡ会長に就任したラウスは66年大会で初めて放映権を販売し、ＦＩＦＡに多少の利益をもたらしたが、70年のメキシコ大会では地元のテレビ局の放映権争奪戦が起こり、ＦＩＦＡにはそれをコントロールする力がなかった。

66年大会は、放映権収入はあったものの、基本的には「コマーシャルフリー」のワールドカップだった。いくつかの試合で広告看板が入ったが、決勝戦を含め多くの試合では掲出されなかった。当時はスタジアム内の広告看板による収入は、ＦＩＦＡではなく開催国の組織委員会の収入だった。

ラウスはヨーロッパと南米以外のサッカーを発展させるため、とりわけ彼の専門であった審判技術を高めるための資金調達を考えていたが、（ラウス自身、著名な審判員だった）ＦＩＦＡが商業主義と結びつくことには非常に消極的だった。

だがその時期に静かにＦＩＦＡに接近した男がいた。ホルスト・ダスラー（ドイツ）だ。有名な「アディダス」の創設者であるアディ・ダスラーの息子である。彼は1970年ワールドカップの使用球をアディダス製にすることに成功し、それを突破口にＦＩＦＡとの関係を強めた。以来アディダスはＦＩＦＡの強力な「パートナー」となり、２０１３年11月には「パートナーシップ契約」が２０３０年まで延長されたことが発表されている。

そしてアベランジェが会長に着任すると、ＦＩＦＡの「商業化」は一挙に進行する。

アベランジェは「途上国」のサッカーを発展させるためにいくつものプログラムを用意していた。運営役員、スポーツ医学、指導者、審判員を養成するためのコース、代表チーム、ユースチーム指導者のためのコース、若い選手に国際経験を与えるための「ワールドユース（今日のＵ‐20ワールドカップ）の創設…。こうした事業を実施する資金の調達がなければ、すべては絵に描いた餅になってしまう。

ホルスト・ダスラーが活発に動き、アメリカのコカ・コーラがＦＩＦＡの初めての公式スポンサーとなったのは、アベランジェが会長に就任してから2年後の１９７６年5月13日のことだった。

ＦＩＦＡの『百年史』（２００４年）によれば、ＦＩＦＡは76年から79年にかけて世界中で74ものコースを開催したが、その費用３５０万スイスフランの8割をコカ・コーラが負担したという。そしてコカ・コーラは、77年に第1回大会が行われた「ワールドユース大会」の冠スポンサーにもなったのである。

さらにＦＩＦＡはワールドカップ放映権の包括契約に成功する。１９７８年大会から86年大会までの３大会分をまとめて契約したのだ。相手は世界の公共放送連合（国際コンソーシアム）。放映権料は78年大会が２２５０万スイスフラン（当時のレートで約30億円）。２０００億円を超すといわれる現在の放映権料からすれば微々たるものだ。

当時のＦＩＦＡは、放映権料で稼ぐというより、できるだけ多くの人にワールドカップを見てもらい、それによって世界にサッカーを広めるとともにスポンサー契約を得ようという考えだった。82年大会では1社30億円と言われた公式スポンサー契約が始まり、ＦＩＦＡの財政を潤した。こうした商業化のアイデアを出したのは、ホルスト・ダスラーだった。

ＦＩＦＡは１９９０年からの３大会でも同じ考え方を踏襲し、国際コンソーシアムとの契約を続けた。最後の98年大会では、1億３５００万スイスフラン（当時のレートで約１３７億７０００万円）と値上がりしたものの、それでも同じ年の長野冬季五輪の世界総額5億１３５０万ドル（当時のレートで約６５０億円）よりはるかに安かった。

しかし時代の流れは止められない。

２００２年大会以後は、「国際コンソーシアム」との契約を継続せず、最終的にはキルヒというドイツの会社を中心とするグループが06年大会と合わせて28億スイスフラン（２００２年のレートで約２２４０億円）という巨額で契約を勝ち取った。

ＦＩＦＡは１９６０年代には年間予算１００万スイスフランという質素な団体だった。しかし70年代に変化が生まれ、コカ・コーラなどのスポンサーや放映権契約で大きな組織へと急激に変化した。

今では、４年間で57億１８００万ドル（２０１１年から14年までの４年間総額＝２０１４年12月のレートで約６６３２億８８００万円）もの売り上げを計上する巨大団体となった。１年平均でも１６５８億円である。ＦＩＦＡの会計報告によれば、その43パーセントが放映権収入であり、29パーセントが「マーケティング」によっている。

そしてこの激変の時代のすべてにかかわってきたのが、ジョゼフ・ブラッターだった。

ブラッターは１９３６年３月10日にスイス南部のビスプという山間の町で生まれた。ローザンヌ大学で経済・経営学を修め、スイスのアイスホッケー協会事務総長、時計メーカーのロンジンのスポーツ部門になどを歴任、72年のミュンヘン・オリンピックの仕事もした。

１９７５年、39歳でＦＩＦＡの事務局に入り、テクニカル・ダイレクターとして「ワールドユース大会」のスタートに奔走した。アベランジェ会長下でコカ・コーラとスポンサー契約を結んだ際には、すでに一緒に記念写真に入る立場となっていた。

そして１９８１年にはＦＩＦＡの事務総長に就任、アベランジェの片腕という立場ではあったものの、ブラジルの実業家（運送業者）でもあったアベランジェはチューリヒとリオデジャネイロを往復する生活だったため、実質的な「ナンバーワン」としても活動した。

そのアベランジェが引退を表明した98年、ブラッターは事務総長の立場で次期会長選に立候補を表明した。

対立候補はヨーロッパサッカー連盟（ＵＥＦＡ）のレンナート・ヨハンソン会長（スウェーデン）。６月８日、パリの総会前には、圧倒的にヨハンソンが有利と言われていた。ＵＥＦＡだけでなくアフリカサッカー連盟（ＣＡＦ）からも支持を受けていたからだ。

90年代はじめには「事実上のＦＩＦＡ代表者」であったブラッターだが、それゆえの難しさがあった。70年代からの支援プログラムを通じて、ブラッターはＣＡＦと強い関係があった。早くから「アフリカでワールドカップを開催すべきだ」と公言し、「アフリカの友」と思われてきた。

しかし95年3月にナイジェリアで予定されていた「ワールドユース選手権」を直前に中止し、カタール開催とした。セキュリティー上の問題があるという理由だった。

この決定に、ナイジェリアだけでなく全アフリカが激怒した。「ブラッターはアフリカから世界大会開催の機会を奪った」。その怒りが、CAFに98年のFIFA会長選でそろってヨハンソンに投票することを決定させたのだ。

FIFA会長選では、第1回目の投票では3分の2以上を取らないと当選にはならない。2人の候補者がどちらも3分の2に達しない時には2回目の投票を行い、そこでは多数を取った者が当選となる。

ところが1回目の開票で総会会場は大きくざわめいた。ブラッターが111票、ヨハンソンが80票。


ただちに第2回目の投票の準備が始まったのだが、しばらくしてヨハンソンが突然壇上に上がり、「敗北宣言」、棄権ということになり、ブラッターの第9代会長就任が決まった。

この総会前、ブラッターはまずサウジアラビアに飛び、そこからアフリカ各国を歴訪している。サウジアラビアから多額の現金を受け取り、それを各国協会の会長にばらまいたのではないかという根強い噂があった。

パリでの投票前にはアフリカ各国の代表が次々と「投票所に3人入れろ」という意見を述べ、その議論で数時間が費やされていた。

FIFAの総会には各国3人ずつの代表が出席するが、実際の投票はそのうちのひとり（通常協会会長）が投票用紙を受け取って投票所にはいり、そこで名前を書いて出てきて投票箱に入れるという方法で行われる。

CAFはそろってヨハンソンに投票する約束ができている。しかし実際に投票する自分の協会の会長が個人的にブラッターから何かを受け取り、ブラッターの名前を書いてしまうのではないかと、アフリカ各国の代表団は疑心暗鬼であったのだ。「111票対80票」は、その疑念が現実のものとなったのだっただろうか。ブラッターは、会長就任選挙自体が疑惑に包まれていたのである。

2002年の会長選挙はワールドカップ開幕前にソウルで行われた。このときにはアフリカサッカー連盟のイサ・ハヤトウ会長（カメルーン）が対立候補となった。

選挙の何カ月も前に不透明な会計処理が指摘されたブラッターは大きな苦境に立った。しかしこの時には、批判の先鋒に立っていた事務総長（彼の片腕だったはずの男）ミシェル・ゼンルフィネン（スイス）を総会の直前に解任することで批判の声を抑え込み、

１３９票対56票で圧勝して2期目を迎えることに成功した。

常に疑惑がつきまとう会長の下で、理事会のメンバーたちのモラルも下がっていく。

ＦＩＦＡの理事は地域連盟で選出されてくる。任期は基本的に4年間だが、再任は可能で、多くの理事が10年以上にわたってその任を務める。そこで年間１０００億円というカネを扱う。そしてその周囲には、利権を取ろうとハゲタカのように飛び回る連中がいる。会長を筆頭にその地位を守るためにカネが飛び交い、そのカネを生みだすためのシステムを考え出す連中がいる。

トリニダード・トバゴ人のジャック・ワーナーは、教師から協会の役員となり、１９８３年、40歳のときに北中米カリブ海サッカー連盟（ＣＯＮＣＡＣＡＦ）の副会長となると同時にＦＩＦＡの理事となった。90年にはＣＯＮＣＡＣＡＦの会長に就任、97年にはＦＩＦＡでも副会長となった。そしてアメリカ出身のＣＯＮＣＡＣＡＦ事務総長チャック・ブレーザーと組んで地域のサッカーの利権をあさるようになる。

不動産を買いまくり、いまではＣＯＮＣＡＣＡＦが入るビルのオーナーとして毎年約４０００万円もの家賃をとっている。彼と家族で旅行会社を経営し、トリニダード・トバゴ協会に割り当てられるワールドカップの入場券を売って約４０００万円もの利益を出したのは２００２年のことだった。06年には、同様に３００万円ものワールドカップ観戦パックをつくり、ＦＩＦＡの倫理委員会で問題になった。このときには約1億円もの利益を挙げたという。

もちろん、ＦＩＦＡ理事のすべてがこんなことをしているというわけではない。しかし北中米カリブ海と南米から選出されてきたＦＩＦＡ理事あるいはＦＩＦＡ副会長の大半が、アメリカによる今回の告発で名指しにされ、逮捕されているのは事実だ。

しかし２０１８年と22年のワールドカップ開催国の決定については、ブラッターを中心としたＦＩＦＡ理事会はやりすぎてしまったようだ。

２００６年ワールドカップがまたひとつのスキャンダルとともにドイツに決まった後、ブラッターはワールドカップを地域連盟の持ち回り（ローテーションシステム）にすることを提案、理事会で承認されて10年はアフリカ、そして14年は南米で開催することにした。

２０１０年大会には南アフリカ、エジプト、モロッコが立候補し、最初の投票で南アフリカが14票を得て開催国に決まった（今になってこのときに理事に賄賂が支払われたと話題になっているが）。14年大会については南米サッカー連盟（ＣＯＮＭＥＢＯＬ）内で話し合いが行われブラジル一本に絞られて理事会で承認された。

しかしブラッターはここで「ローテーションシステム」をあっさり破棄、大会準備期間を長く与えるために10年の12月に18年と22年の両大会の開催国を決めると発表した。

最終的に、2018年にはイングランド、オランダ／ベルギー(共同開催)、ロシア、スペイン／ポルトガル（共同開催）の4候補が立った。そしてロシアが選ばれた。

2022年に立候補したのは、オーストラリア、日本、韓国、カタールのアジア勢と、アメリカだった。最終的にカタールとアメリカの一騎打ちとなり、カタールが14対8の大差で勝ったことは、大きな驚きをもって迎えられた。

投票前からスキャンダルだらけだった。英国の『サンデータイムズ』紙がアメリカの招致関係者を装ってFIFAの理事に近づき、2人の理事が賄賂を要求する映像を撮影されてしまったのだ。理事会の総投票数が規定の24ではなく22だったのは、この報道を受けてFIFAが2人を職務停止にしたからだ。

それにしても、カタールは秋田県ほどの土地に神戸市ほどの人が住む小さな国で、「都市」と呼べるものは首都ドーハ以外にない。少なくとも12の都市を使うワールドカップには適さない。それとともに、通常ワールドカップが開催される6月には、日中の気温が40～50度にもなる。招致文書では「ピッチを含めてスタジアムとその周辺をすべて冷房して試合を開催する」となっていたが、それが実現したとしても、訪れたファンがそれ以外の場所では活動できないようでは、ワールドカップの楽しみは半減してしまう。

ロシアは石油で経済が活況を呈し、カタールは言わずと知れた「オイルダラー」の国。決定直後からイングランドやアメリカのメディアが騒ぎ始めた。

イングランドでは、招致活動をしていたサッカー協会の元会長デビッド・トリーズマンが「イングランドに投票するから250万ポンド（当時のレートで約3億2500万円）よこせと言われた」とジャック・ワーナーの名を挙げた。

トリーズマンはニコラス・レオス(南米サッカー連盟会長＝パラグアイ）ウォラウィ・マクディ（タイサッカー協会会長)、リカルド・テイシェイラ（ブラジルサッカー協会会長）らFIFA理事の名前を挙げ、いろいろな形で賄賂を求められたことを証言した。

さらには、FIFAの内部告発によりモハマド・ビン・ハマム（アジアサッカー連盟会長＝カタール）がジャック・ワーナーを引き込んでカタールに投票するための買収工作をしていたことも発覚する。ハマムはサッカー活動からの永久追放を言い渡され、ワーナーもＦＩＦＡ副会長職を解かれた。

カタールをめぐる疑惑を決定的にしたのは２０１３年1月、フランスのサッカー専門週刊誌『フランス・フットボール』だった。「カタールゲート」と名づけられたレポートは、カタールが行った数々の買収工作とともに、フランス政府やミシェル・プラティニまで関与していることを印象づけるものだった。

ＦＩＦＡは２０１２年7月にアメリカ人弁護士マイケル・Ｊ・ガルシアを倫理委員会の調査局長に任命、ワールドカップ開催国決定を巡る疑惑の調査を命じた。ガルシアは２０１３年9月に最終レポートを提出したが、受け取ったＦＩＦＡ倫理委員会のハンスヨアヒム・エッカート（ドイツ）はこのレポートの公表をせず、11月に３５０ページのレポートから42ページの抜粋版をつくって「不正疑惑は解けた」という結論を発表した。ガルシアは「歪曲されている」と異議を申し立てたが通らず、調査局長を辞任した。

２０１８年と22年のワールドカップ開催地決定をめぐるスキャンダルに、まるでフタをするように強引に終止符を打ち、ことし5月の会長選に打って出たブラッター。唯一の対抗馬はアジアサッカー連盟（ＡＦＣ）からも支持を受けていない39歳のアリ・ビン・アルフセイン王子（ヨルダン）。勝利は確実だった。まるでセレモニーのように選挙が行われ、２０１９年までのＦＩＦＡ会長の椅子がブラッターに約束されるはずだった。

しかしその選挙が行われる総会の２日前、5月27日の朝6時、突然「ブラッターの平和」は破られた。

ＦＩＦＡの総会に出席するためにチューリヒ湖畔の豪華ホテル「バウル・オ・ラク」に宿泊していたＦＩＦＡの理事、元理事など6人の部屋のドアがノックされた。そこには、アメリカ警察からの依頼を受けたスイス警察の刑事が逮捕状をもって立っていた。

その瞬間、１９７４年6月11日にアベランジェの会長就任とともに始まり、ブラッターが受け継いで41年間の間に積み重ね続けたＦＩＦＡの巨大ビジネス化、数千倍にふくれあがった巨大な「伏魔殿」は、事実上、音を立てて崩れた。

青ざめた顔のまま2日後の選挙に臨んだブラッターは予定通り勝利をつかんだが、わずか4日後、辞任を決めたと発表した。

だが、その先はどうなるのか。瓦礫のなかから世界のサッカーを導く光が生まれるのか、それとも新たな「伏魔殿」の建設が始まるのか。プラティニに疑惑が生まれ、今は、その旗を掲げる者さえ見えてこない。

（サッカージャーナリスト）

時評

エディー・ジャパンの偉業と日本ラグビーの課題

生島 淳

「ワールドカップで日本代表が結果を残せば、日本のラグビーの歴史が変わる」

２０１２年に日本代表のヘッドコーチに就任して以来、選手たちにずっと歴史の創造者、変革者たることを言い続けてきたエディー・ジョーンズ・ヘッドコーチ（ＨＣ）が、大仕事を成し遂げた。

ワールドカップで過去2回の優勝を誇る南アフリカに勝ったのは、21世紀のスポーツ史に残る偉業である。ラグビーに限らず、あらゆる競技において、これほどの番狂わせを見た記憶はない。

中３日で戦わざるを得なかったスコットランド戦では大差がついてしまったが、格上と見られていたサモア、そして絶対に勝たなければならないアメリカにもきっちりと勝利を収めた。

目標としていた準々決勝進出はならなかったものの、南アフリカに勝って3勝1敗という結果は誰しも予想していなかった結果であり、改めてジョーンズＨＣの手腕が光る結果となった。

では、これまでの外国人コーチとジョーンズＨＣは何が違ったのだろうか。

大きなポイントはふたつある。

「海外でも十分に通用する選手を揃える」

「日本人の特徴を最大限に引き出す」

エディー・ジャパンは3年半に及ぶ長期政権だったこともあり、ワールドカップで戦える選手の見極めには十分な時間を取ることが出来た。しかし、実情は厳しいものだったとヘッドコーチはことあるごとに話していた。

ワールドカップの出発前の会見で、

「日本のラグビー界には、ワールドカップの舞台で戦える選手たちは40人ほどしかいません。たった、40人です。本当に層が薄い。ただし、選手の育成は私の仕事の範疇ではありません」

とジョーンズＨＣは言い切った。

「このプロジェクトがスタートした時点で、スーパーラグビー（ニュージーランド、オーストラリア、南アフリカの３カ国のチームによるリーグ戦。２０１６年から日本、アルゼンチンが参加する）でプレーできる選手は、主将を務めたリーチマイケルだけでした」

たったひとり。世界に通じる選手は、それしかいなかった。そこでジョーンズＨＣは能力の高い選手たちには、積極的にスーパーラグビーにチャレンジすることを勧めた。フッカーの堀江翔太はオーストラリア、スクラムハーフの田中史朗はニュージーランドのチームで、それぞれ役割を見つけた。

彼らが海外で体得したことを持ち帰り、ミーティングなどでリーダーシップを発揮したのが今回の躍進につながったと思う。

そしてもうひとつ、日本代表の強化のために、ジョーンズＨＣは日本人の特性をよく見極めていた。

忍耐力。協調性（しかし、それは積極性の欠如につながることを見抜いていもいた）。

彼の眼鏡にかなう人材はわずかしかいない。その選手たちをどう料理するのか。ジョーンズＨＣは、長期間の合宿を組み、徹底的に練習をさせた。

実はこの方法、戦後の日本で成功を収めた団体競技に共通するものだ。ピックアップした選手を長期間にわたって拘束し、徹底的に戦略、戦術を落としこむ。１９６４年の東京オリンピックの女子バレーボール、１９７２年のミュンヘン・オリンピックの男子バレーボールは固定化したメンバーを鍛え上げることで結果を残した。２００２年のサッカーのワールドカップ、フィリップ・トルシエのチームも一貫した戦術の徹底が見られた。

エディー・ジャパンの練習は激しさを極めた。メンバーが集まった４月から、朝５時に起きて、６時に練習を開始。１日３部練習がスタンダードであり、時には４部練習にもなった。フィットネス、体力面の維持は必要不可欠で妥協することは許されなかった。

「真面目な話、これじゃ高校の部活よりもしんどいですよ」

といった選手がいたほどだ。ジョーンズＨＣは、日本人がどんな環境であるとも耐え抜くことを知っていた。忍耐力を徹底的に生かそうとしたのである。驚いたことに、外国人選手たちもその方法についてきた。ジョーンズＨＣは、日ごろから、

「大きなプロジェクトを達成するためには、誰を一緒のバスに乗せるかが重要なんです。それによって成否が決まる」

と話していたが、選手の性格を見極めたうえでチーム作りを進めていた。

４月からの合宿はおよそ１４０日間に及んだ。それでも南アフリカに勝つためには時間が足りるのか微妙なところだった。

「同じ練習をしたら、果たしてオース

トラリア人は耐えられただろうか？」とジョーンズHCが言うほど、過酷な練習を日本の選手たちは耐えた。何事も、厳しい評価を下すのが常であるジョーンズHCが、日本人の我慢強さを大いに評価していた。

そしてワールドカップの大舞台でジョーンズHCが提唱していた「ジャパン・ウェイ」は実現した。

最大限に評価すべきなのは、「リロード」という部分である。

リロードとは、タックルに入った選手が相手を倒した後、すぐに起き上がって次のプレーに備えることだ。

「ピッチ上では常に15人、30本の足がたっていなければなりません」

ジョーンズHCは合宿でそのことを徹底した。ワールドカップを見ていると、ベスト8、ベスト4に駒を進めたチームと比較しても、日本のリロードはまったく遜色がないレベルに達していた。意識付けと、それを支えるフィットネス（体力）が徹底されたのである。

まさに、天晴れ。

エディー・ジャパンは日本のラグビーの歴史を根本的な部分から変えてみせた。

●エディー・ジャパンの「レガシー」とは？

今後、東京オリンピックの開催に向けて、今回のエディー・ジャパンの成功は参考とすべきものが多いように思う。諸外国に比べ、日本はあらゆる競技で選手層が厚いとはいえない状況にある。そうなった場合、どうやって強化すべきなのか？　少数精鋭による徹底的な強化というところに行き着く。

今回のワールドカップでも、これしか方法はなかったとジョーンズHCは語る。

「若い世代の強化の仕方が間違っています。日本のジュニア、高校の指導者は『ラグビー・プレーヤー』を育てていません。たとえば、ウィングの藤田（慶和）は私が就任した時から絶対にワールドカップのメンバーに入れると決めていましたが、思ったようにスプリント力が向上しませんでした」

その理由はなんだったのか。高校時代にスピードを磨くべきだったところ、集団練習で持久力を向上させることにベクトルが向いてしまったというのである。

「日本の練習は画一的すぎます。ラグビーは様々な要素を持つスポーツです。ウィングの持久力を重視するのは、ウサイン・ボルトにマラソンのトレーニングをさせるようなものです。その現実を理解していない人が多い」

ゲームに必要とされるものを細かく分析し、それぞれの選手に見合った練習メニューを作ること。それが今後の日本のあらゆるスポーツに求められるものだとジョーンズHCはいう。

●今後の課題

再び、ラグビー界に話を戻せば、ジョーンズHCの功績はあまりに大きく、後任のヘッドコーチ人事は難航することが予想されている。

当初は12月を目処に発表したいとしていた協会側も、10月下旬の段階で「難しいかもしれない」と話している。

協会側にもプレッシャーがかかっているのは言うまでもない。いま、日本代表の監督人事はサッカーの代表監督と同等、いや、それ以上の関心事となっている。4年後のワールドカップ日本大会開催に向けても、ここで期待値の「デフレ」が起きてはならない。

マスコミの間では、ロビー・ディーンズ氏（パナソニック監督）、清宮克幸氏（ヤマハ発動機監督）が後任の候補として名前が挙がっているが、状況は不透明だ。

さらに2016年2月からは、日本は「サンウルブズ」としてスーパーラグビー参入が決まっているから、早急にチーム作りを進めなければならない。当然のことながら、サンウルブズと日本代表の強化には連携が求められるし、ヘッドコーチはふたつのチームを兼任することになるのか。クリアすべき課題が山積している。

さらには、ヘッドコーチ人事だけでなく、ワールドカップ・イヤーに限らなくても、エディー・ジャパン並みに選手を拘束することが可能なのかも、協会と企業との調整が必要になってくる。

また、「ウサイン・ボルトのマラソン・トレーニング」に代表されるように、若い世代の育成システムの構築も、2019年のワールドカップ以降を見据えた時には重要になるだろう。

見方を変えれば、まだまだ日本のラグビー界には改善の余地があるともいえる。

将来のことに思いを馳せると、心配事が増えてしまうのだが、それもこれもエディー・ジャパンが結果を残したからに他ならない。

2015年9月19日に日本代表が起こした奇跡は、未来永劫、世界のスポーツ史の中に刻まれる。

エディー・ジョーンズは軋轢を恐れず、世界の舞台で勝つためにあらゆる手段を講じた。弱小国がラグビー界の巨人、南アフリカを倒した物語は、今後、ラグビーだけでなく、日本のあらゆるスポーツへ勇気を与えることになるだろう。

あの勝利は、まさに偉業だった。

（スポーツジャーナリスト）

スポーツ研究入門

開発のためのスポーツ、そのグローバルな展開
―グローバルサウス中心のＩＤＳ／ＳｆＤアジェンダに向けて―

マシュー・ホルムズ　竹崎一真訳

1. はじめに

今日、多くの学術機関が開発のためのスポーツ（Sport for Development）に関心を持つようになるにつれて、それについての研究も豊富に存在するようになってきた（例えばPeacheyほか、２０１５）。しかしながら、言うまでもなく、絶えず変容し、儚いものになりつつある開発のためのスポーツの諸問題は未だに捉えられていない。議論を始める前に、ここで開発のためのスポーツ（1）について定義しておく必要がある。開発のためのスポーツとは、非国家主体によって通常運営され、国際開発目標に貢献する非スポーツ的成果をもたらすスポーツやレクリエーション活動を用いた社会運動のことである。開発のためのスポーツは、様々なグローバルな場において、グローバルサウス（2）のコミュニティに暮らす人々の創意工夫や能力から生まれた。その初期の事例は、１９８７年に生まれたケニアの首都ナイロビ北東の町マザレにあるマザレ青少年スポーツ協会（ＭＹＳＡ）と呼ばれる非政府組織（ＮＧＯ）である（Coalter, 2007）。そのほか多くの事例がある中でこれは小さな事例にすぎないが、開発のためのスポーツが２０００年以降の国際連合（国連）の支援のもと、ゆっくりと発展してきたことが、どれほど認知されているのかを考える上で重要な事例である。また、それらの成果の積み重ねによって作られた政府間による記念碑的出版物（『21世紀宣言（*Millennium Declaration*）』（２０００）など）や出来事（２００１年の国連開発と平和のための事務局（ＵＮＯＳＤＰ）の創設、２００３年のInter Agency Task Force Report）は、なぜ開発のためのスポーツを支援する必要があるのかを周知するために国連加盟国を招集させている。しかしながら、そこにはＵＮＯＳＤＰがグローバルに展開する開発のためのスポーツの様々な諸事例に現れた多くの人々の創意工夫や能力についての説明を行っていない、という問題が隠れている。

開発のためのスポーツを実施するために必要となる資源には、ＮＧＯがしばしば要求するグローバルノースからの人的、物理的、経済的資源といったものがある。長きにわたるヨーロッパ植民地支配から独立を果たしたサハラ以南のアフリカ諸国では、

新たに選ばれた国家政府の能力は、限りある公的セクターの資源を活用した社会福祉に取り組むためにあると理解されてきた。そして、そのことは国家政府対外援助（SGFA）を行うグローバルノースの機関や省庁が、政府の（国内）関連省庁の代わりに、外国直接投資（FDI）を通じて資源を提供することを一般的なものにしている。今日的な見地から言えば、開発のためのスポーツのNGOに直接向けられたFDI―SGFAからの投資だけでなく、多国籍企業からの個人投資についても―は、投資額、その範囲と数の拡大を促している。だが実際、開発のためのスポーツは、2008年の世界不況やグローバルノースSGFAの予算減少によって変化せざるを得なくなった国際開発の外側とともにデリケートな接合点に立たされていると言われている。また同時に、多国籍企業の社会的責任（CSR）の構想とイニシアティブを通じた開発のためのスポーツ支援が、ここ数年で僅かながら減少しているという事実も見落としてはならない（Levermore, 2011a を参照のこと）。

　本稿では、ここで示した基礎的な内容を積み上げ、徹底したレビューを描く。そのために取り上げる文献は、研究者たちが突き止め、説明し、分析するには儚く、困難な挑戦だと思われるプログラムのプランニングとデザイン、展開と実施、記録・観察・評価（M&E）といった一般的なテーマにまで及ぶ開発のためのスポーツの議論に貢献するものである。重要な専門用語や言語、概念については、開発のためのスポーツを考察するために使用する文献の議論の中に登場するごとに定義していくこととする。

2. 文献レビュー

　本章の基本となる目的は、開発のためのスポーツの学術的理解のために辿ってきた経路図を以下の内容で提供することである。

①開発のためのスポーツをテーマにした初期の研究
②グローバルに展開する開発のためのスポーツ・プログラムに求められるインプットとアウトプット、そして成果
③グローバルサウスにおける国際開発、スポーツおよび開発のためのスポーツに関する認識の変化
④グローバルノースの開発のためのスポーツ・プログラムを強化するためのグローバルサウスの専門知識の伝達

　開発のためのスポーツの起源について考察した初期の著作（Coalter, 2007; Levermore, 2008）の研究をまずレビューすることによって、どのように、そしてなぜ国際開発や開発のためのスポーツがプログラム（Darnell, 2010）や「エビデンス」（Kay, 2012）の点で批判にさらされることになったのかを批判的に問うことが可能になる。そして最後に、グローバリゼーションやグローバル社会という思考を持つことで付加的相互関連性を強く求め続けることとなった、あらゆる政治的・経済的諸関係のもとで世界的に実施されている開発のためのスポーツが、どのように認知されているのかを理解するには、それが置かれている特別な意味を含んだ「現場」を見つけ、調査し、そして書き留めることが必要である。

①開発のためのスポーツをテーマにした初期の研究

「開発におけるスポーツ」の役割、インテ

グリティ、そしてそれに付随する諸仮説の現実性についての初期の研究はコルター（Coalter, 2007）によってなされている。彼の問いは、スポーツが「野心的なうたい文句」となってしまっていることや、グローバルノース／グローバルサウスの国民国家両方における「特有の社会問題や広範な問題の解決策の模索に」（Coalter, 2007: 68）スポーツがいかに寄与することが可能かというものであった。そして、コルター（Coalter, 2007）はこの問いを通じて、スポーツがもたらす象徴的価値だけでなく、最も困窮にあえぐグローバルサウスの国々に暮らす人々の生活の質を十分に高める手段となりうるスポーツを発展させ、普及していくことに、国連がいかに強く働きかけてきたのかを明らかにしている。その中で見落とせないのは、国際開発におけるスポーツの役割を以下のように４つの要点で予測している点である。

①共生と一体化
②国家政府、開発主体、及びコミュニティにおける受益者によるロビー活動
③受益者における共有アイデンティティの醸成
④効果を継続・維持するためのパートナーシップの構築

コルター（Coalter, 2007）は、国連の関心が開発のためのスポーツに向けられる以前に、すでに機能的で莫大な民間の能力が非国家主体に備わっていたことを軽視しないよう注意している。事実、コルターは次のように言及している。

> そのような組織の注目を集めた成果（そしてロビー活動）は、国連に［国際］開発に寄与する手段としてスポーツを取り入れることを納得させるのに一役買ったのである（Coalter, 2007: 69）。

国家やグローバルノースＳＧＦＡが手をつけることができていない「地域」を背後に抱えた人々は創意工夫や能力で以て、社会的正義との戦いや応答に努めており、コルター（Coalter, 2007）はそのことを高く称賛している。しかし、たとえそれが称賛できるものであったとしても、ＦＤＩから資源を手に入れる手段となる開発のためのスポーツのローカル化を要求するには、一連の裏付けやエビデンスが必要になる。だが、国際開発に成功した諸事例を公平にレポートすることを可能にする強固なエビデンスの基礎を築くことは難しく、グローバルサウスの市民社会がスポーツを利用し続けようとする努力をこれまで（そして今もなお）無にしてしまっている。そこでコルター（Coalter, 2007）は、グローバルサウスの文脈で積極的かつ進歩的な非スポーツ的開発成果を推進するためにスポーツが使われる際、「伝統的な」国際開発の事例で直面する多くの課題と同じように内包される非常に修辞的な解釈を紐解くため、クルーズ（Kruse, 2006）の議論を援用している。そして、この複雑な状況を読み解くために開発のためのスポーツを２つに分類している。それが「スポーツ・プラス」と「プラス・スポーツ」である。コルター（Coalter, 2007: 71）は、スポーツ・プラスとは、異なる地理的規模（すなわち、コミュニティ／地方、地域、国レベル）でのスポーツ参加率を増加させるために、伝統的な方法でスポーツを利用することであり、そこで非スポーツ的成果が生まれるのは副次的な要因によるものだと説明している。このモデルのもとでスポーツ開発や社会開発を実施

していくと、ある共通の課題に直面すると言われている。他方、プラス・スポーツとは、スポーツ・プラスを裏返したものである。すなわち、組織的な展開の中心に非スポーツ的成果が置かれている。この視点からコルター（Coalter, 2007）は、開発のためのスポーツにおけるスポーツの場が完全ではないにしても、どの程度必要とされているのか、そしてスポーツの場が極めて重要な情報やライフスキル（例えば、ＨＩＶ感染を避けるための性と生殖に関する健康教育など）へのアクセスがままならないコミュニティに暮らす人々を誘惑するために使われているにすぎないことについて言及している。

コルター（Coalter, 2007）が基礎的だが奥深い優れた批判的議論を提供している一方で、レヴァモア（Levermore, 2008）は開発のためのスポーツのさらなる理解のために「国際開発におけるスポーツ：本当にそれに時間をかけるのか？（Sport in International Development: Time to take it seriously?)」という核心的な問いを立てた短い論考を提出している。レヴァモア（Levermore, 2008）の議論が注目に値するのは、開発のためのスポーツはほぼ完全にグローバルノースが行うものであり、グローバルサウスに暮らす人々の創意工夫によって国連の関心を集めたわけではないという考えを示している点だ（Coalter, 2007も参照のこと）。開発のためのスポーツへのグローバルな意識は、少なくともここ数年では、多国籍企業の関与によって高められてきたと言われており、レヴァモア（Levermore, 2008）はこうした展開の中で、多国籍企業に対する開発のためのスポーツについての要求が、多国籍企業がグローバル消費者や国際開発の受益者に示している「価値中立的」「非政治的」といった決意表明よりも下におかれてしまっていると指摘している。このように開発のためのスポーツは、本質的にグローバルノースからグローバルサウスにもたらされるものだと認識されている。しかし、レヴァモア（Levermore, 2008:57）がそのモデルやアプローチを支持しない理由は、国際開発におけるスポーツが「神話的期待」やほとんど精神的な要求になっているという点にある。開発のためのスポーツのタイプやパターンを説明する上で、スポーツ・プラスとプラス・スポーツに加えて、もう一つ「スポーツ・ファースト」という概念がある。レヴァモア（Levermore, 2008）はこの概念を、ＮＧＯの関心が（参加率や規模、拡大を通じた）スポーツ開発に向いている中で、国際開発目標に結びつく成果が「意図せず」偶然に生み出されたときに意味づけられるものと定義している。レヴァモア（Levermore, 2008）は、このように一旦、開発のためのスポーツの確固とした背景や理解を確立することによって、異なる利害関心を持ち、小規模ＮＧＯに必要資源を提供するステークホルダー（すなわち、各スポーツ連盟、多国籍企業、ＳＧＦＡ機関、政府間組織）が拠って立つ複雑な「場」を図式化し、まとめている。

こうした開発のためのスポーツについての影響力のある「初期」の研究（Levermore, 2008; Coalter, 2007）は、今日、様々なグローバルな諸事例で確認されるようになった欠点や葛藤をすでに予測している。例えばレヴァモア（Levermore, 2008: 61）は、国際開発にスポーツを利用することを政府間組織がいかに懸念していたのかを考察している。そして、「専門機関」は「社会的目標を超えて、経済成長が最大の関心事」になっており、またそこには、スポーツを「排他的、男性支配、腐敗、そして欲深い」ものだと認識している政策立案者の関心も含まれていると指摘している。すなわちレヴァモア（Levermore, 2008）は、開発のためのスポーツの普遍的な質の保証や水準、いかなるグローバルな諸事例であっても実行可能な最善の実践コードが欠如しているという懸念を国際開発の専門家たちはどのように共有するのか、という問題を表面化させたのである。しかしながら、この点において、開発のためのスポーツ研究が様々な理論的解釈を行うために最重要であり続けている問題―モニタリングと評価、開発パートナーシップ―に関する議論が閉ざされてしまっている。コルター（Coalter, 2007）とレヴァモア（Levermore, 2008）は、国際開発のアリーナにおいてスポーツ・ファーストがいかに立脚点を手に入れたのか、（ステークホルダーの）誰が開発のためのスポーツの特性に責任を持つのか、なぜ開発のためのスポーツは（初期の研究の理解が及ばないほど）学術的、政策的、企業的課題の主要関心であり続けるのか、といった様々な観点から議論を行ってきた。次節では、こうした一連の問題とは対照的に、グローバルな文脈の内外における様々な、そしてより具体的な開発のためのスポーツの構成要素（例えば、プランニングとデザイン、展開と実施、モニタリング、記録および評価）に焦点を当てた文献のレビューを行う。

②グローバルに展開する開発のためのスポーツ・プログラムに求められるインプットとアウトプット、そして成果

多くの研究者たちは、非伝統的国際開発としてのスポーツの利用が伝統的な開発の諸事例（例えば、人道的援助や食糧安全保障イニシアティブなど）で明らかにされたのと同じような限界に直面していると考えている。プログラムのプランニングやデザインの中で意図した成果を生み出すための変化を起こすには何が必要なのか、それはどのような理論なのかを決定するエートスに付随する価値や信念、理想―イデオロギー（3）―は、しばしば開発のためのスポーツ研究の議論の中心に位置づけられてきた。例えばダーネル（Darnell, 2010）は、コモンウェルスゲーム・カナダ（ＣＧＣ）によるイニシアティブの一環である「スポーツを通した国際開発（ＩＤＳ）」に参加したボランティアのインターン生が、社会変化やエンパワーメントを形作ることを目的とする知をどのように享受していくのかに関する研究の中で、彼らが新たな、あるいはすでに行われている諸活動を通じた非スポーツ的成果の達成を促進する仕事になぜ就くのかについて考察を行っている。そしてダーネル（Darnell, 2010:63）は、その議論に「個人的リーダーシップ」という概念を取り入れることで、いかなるプログラム構造が受益者の不公平な能力開発を結果的に招く可能性を高めるのか、という問題を明らかにしている。事実、そうした開発のためのスポーツの成果の細かな測定は、グローバルノース（主にカナダ）の団体スポーツに明確に存在する社会的不平等を映し出す可能性がある。推測ではあるが、ダーネル（Darnell, 2010）が見い出したのは、非スポーツ的成果の獲得を促す開発のためのスポーツに「必要なこと」だけでなく、そのデザインがすべてのステークホルダーの望みである成果に寄与することが可能かど

うかをも見極める、徹底的にエビデンスに基づいた計画であるかを周知するために重要だということであろう。

開発のためのスポーツに関する研究に社会学理論を用いると、様々な方法で示されたプログラムの長所と短所の概念をより強固なものにすることができる。ダーネル（Darnell, 2010）は調査結果を詳細に分析する中で、状況が異なる社会において平等な資源へのアクセスを達成するという目的がどのように意図せざる成果を生み出すのかをCGCの文献に基づいて最初に説明することで、何が開発のためのスポーツの成果を意図せざるものにしているのかを示している。ある事例において、CGCのインターン生がスポーツを通した開発と平和におけるイニシアティブ支持者として位置づけられ、活動する際、彼ら彼女たちには平等主義的構造(4)の導入が目的として与えられるという。ダーネル（Darnell, 2010: 64）は、こうしたCGCインターン生の意思に内在する専門用語やイデオロギーにコンフリクトを見い出すことができるとする。つまり、グローバルサウスの受益者（プログラムの参加者）を平等主義へとさらに近づかせるには、彼らに本質的に能力主義(5)の団体スポーツや諸活動に取り組ませなければならないというコンフリクトが存在する。このような中で求められる非スポーツ的成果を達成するために「必要なもの」は、プログラムが実施される中にどのような社会的不平等があるのかを説明する社会史や社会政策の理解を促すといった過程指向アプローチよりも、はるかに価値があると言われている。実際、カナディアン・スポーツをバックグラウンドにもつ―あるいは経験のある―CGCインターン生が、ある状況に基づいてデザインした開発のためのスポーツ・プログラムに用いるスポーツには「階級に基づいた」思考が堆積していたという。これについてダーネル（Darnell, 2010: 66）は、「リーダーシップと責任」という観点から、個人としての成長とエンパワーメントという思考が開発のためのスポーツを通じて受益者に植えつけられた時に表面化する意図せざる影響に注目している。というのも、その思考には、開発のためのスポーツ・プログラムが注視しなければならない社会問題（すなわち、広範囲の社会的不平等）を次々に生み出す（仲間の受益者に対する）受け身で、かつ競争的、敵対的な振る舞いを生じさせる可能性があるからである。

開発のためのスポーツのプランニングやデザインの局面に見られる、こうした理想やエートスが及ぼす最終的な影響については、ダーネル（Darnell, 2010）によってしっかりと指摘されていた。他方、求められる非スポーツ的成果が開発のためのスポーツによってもたらされたのかどうかを「証明」するのは、ステークホルダー間で覚書を通じて合意された上で導入されるメカニズムや安全対策であり、そこにはM&Eツールが含まれている。ケイ（Kay, 2012）によれば、このM&Eの手順には、プログラムの展開と実施がなされているNGO現場において、資金提供／資金供給組織が経験する複雑な諸関係が結びついており、また開発のためのスポーツの発展とグローバルな拡大は、その成功を「証明」するはずであるM&Eの手が届くはるか先まで進展してしまっているという。こうした開発のためのスポーツの規模や範囲とM&Eの質との間にズレが生じているという問題は、ケイによって次のように鋭い予測がなされている。

自国のよく知った環境に関する研究では、国際開発の文脈よりも詳細な検証がなされているが、ほとんどのスポーツ研究者は、ある状況のある人々のために、スポーツは何をすることができるかという大きな限定つきの要求にしかコミットしないだろう（Kay, 2012: 890）。

開発のためのスポーツにM&Eが存在しないというわけではない。ただし、M&Eを理解するためには、それが今日では頻繁に更新されていることを確認しておかなければならない。これに関連してケイ（Kay, 2012: 891）は、M&Eの最も一般的なあり方とは、グローバルノースとサウスの地理的差異を拡大してしまうパートナーシップを持つステークホルダーたちが、「目的設定、対象設定、成果測定」を一貫して担うことが良いのかどうかを批評し、「論理的フレームワークモデル」を提供するものであるとしている。しかし、ケイ（Kay, 2012）はそう言いながらも、開発のためのスポーツやより大規模な国際開発の関係者の多くが、支援の大部分を占める資金支援組織（すなわち、資金提供者／資金供給者）を特別扱いする「権力不均衡」に満ちたこのM&Eアプローチをどのように認識しているのかを即座に理解している。そして、十分かつ誠実なM&Eを行うステークホルダーの能力にも限界がある。この点については、多くのNGOは包括的なM&Eプロトコルの領分を超えて、プログラムの規模や範囲を拡大させる選択を自分たちの意に反して行っていることを大方自覚している、という前提を再考することになる。すなわち、その前提が成り立つということは、まさにM&Eが行われているところでは、グローバルノース／サウスのパートナーシップの中に、権力不均衡が目に見える形で表面化していることを示しているのである。ケイは、これについて以下のように予想している。

> 国際開発の文脈において、権力の不均衡とは、民主的パートナーシップのレトリックをよそに、国内の活動家たちは外部のパートナーが集めたデータを取り寄せるために、しばしば譲歩できない要求を突きつけられ、行政機関に従わなければならない状態にあることを意味している（Kay, 2012: 891）。

この指摘にさらなる重要性を加えるために、ケイ（Kay, 2012）は、グローバルノース／サウスの本質的に政治的な関係における正しい測定とは何か、なぜそれは開発のためのスポーツの情報を提供すべきなのか、開発のためのスポーツの欠点を浮き彫りにするようなM&Eの批判的側面にいかに注目すべきか、といった課題の徹底的な概念化に取り組み続けている。要するに、グローバルノース／サウスの関係は、グローバル・ポリティクスや経済諸関係からM&Eに入り込む権力不均衡を映し出しているのである（Kay, 2012を参照のこと）。事実、こうした権力不均衡は存在しないと主張する人物が現れたとしても、２００８年の世界不況はグローバルな西洋地政学的ヘゲモニー（6）が再び影響力を持ったことに端を発したメカニズムにほかならない（Klein, 2007を参照のこと）。このように開発のためのスポーツにおけるM&Eプロトコルを通じた成果測定には、基礎的脆弱性がある。したがって、次にリンゼイとグラッタン

(Lindsey and Grattan, 2012) の議論をレビューする必要がある。

③グローバルサウスにおける国際開発、スポーツおよび開発のためのスポーツに関する認識の変化

本稿のはじめに、開発のためのスポーツに関する影響力の大きな研究が明らかに少数であることを確認した。レヴァモア (Levermore, 2008) やコルター (Coalter, 2007) から得られた認識は、かつての開発のためのスポーツとはどのようなものであり、またそれはいかに理解され続けているのかについて、二つの異なる解釈を示すものであった。すなわち、諸条件とともにグローバルサウスにもたらされるグローバルノースの開発援助を通じて展開されるもの (Levermore, 2008)、あるいはグローバルサウスが起源であり、開発のためのスポーツの多様な成功例を伝えた政府間やグローバルなメディア・コミュニケーションを通じてグローバルノースの関心を得たもの (Coalter, 2007) という解釈である。近年の論文では、開発のためのスポーツの様々な事例や特徴、形態を説明、分析し、結論を下すことに専念する学術論文が本質的に「国際的視野」を持つようになったとリンゼイとグラッタン (Lindsey and Grattan, 2012: 92) は主張している。そして、こうした国際的視野をもつようになった研究者には、グローバルサウス中心の開発のためのスポーツについての理解を更新するのに必要な質的記録やエビデンスがかなり不足しているという。事実、サハラ以南のアフリカの事例において、グローバルノースのステークホルダーが持つ影響力の大きさについて継続的に報告している論文はほとんど存在しない。関連するものとしては、リンゼイとグラッタン (Lindsey and Grattan, 2012: 92) が、ザンビアにおける国際開発の背景についての調査結果を三つの視点から分析し、「開発のためのスポーツに関する従来の理解を拡大し、挑戦した」と自身の研究を説明しているものがある。

開発のためのスポーツを生み出し、携わる「地域のステークホルダー」についてのかなり正確で詳細なマッピングは、「国際的視野」のかつての解釈と、グローバルサウス中心となった解釈とのズレを浮き彫りにし始めている。リンゼイとグラッタン (Lindsey and Grattan, 2012) が初期に行った調査では、多くのステークホルダーが（おそらく能力や資源に限界があるため）自分たちのコミュニティのためだけにしか活動していない一方、奉仕の観点から活動するステークホルダーがいるという差異が生じていることを明らかにしている。また、受益者のニーズに応えるため、コミュニティでの小規模ＮＧＯの活動意欲が高まっており、（財政的、物質的、人的）資源を受け取ることが可能になっているが、その一方で、彼らの活動の規模や範囲に限界があるという困難が生じており、他方で、開発のためのスポーツの持続可能性や「進歩的」発展に関する文脈的な理解や関心を持たないために、公然と、そして頑なにグローバルノースのステークホルダーとのパートナーシップを結ぼうとしない小規模ＮＧＯも現れていると指摘している。そしてリンゼイとグラッタン(Lindsey and Grattan, 2012)は、そのことがどのようにスポーツは「価値」を伝えることができると確信している地域のステークホルダーが活動しているコミュニティの青少年たちのスポーツ「人気」を引き起こすのか、そしてそれがどのように数多くの開発受益者を集めるためのメカニズムを構築しているのかについて議論している。スポーツは非スポーツ的成果（例えば、性と生殖に関する健康教育）に貢献している。しかし、その一方で、スポーツが伝える「価値」を安易に称賛することに対して、地域のステークホルダーたちは慎重になっているという。リンゼイとグラッタン（Lindsey and Grattan, 2012: 102）は、ダーネル（Darnell, 2010）がいち早く指摘していたように、開発のためのスポーツのプログラムをコミュニティに取り入れさせ、そこに不平等な社会関係をもたらすような新自由主義的教義にＮＧＯが関与することは不本意であると強調している。例えば、そのようなプログラムに団体スポーツを用いると、ＨＩＶやエイズについての知識や理解がほかとはまったく異なる傾向になると指摘する（Darnell, 2010も参照のこと）。

　スポーツ、そして開発のためのスポーツが取り入れている理念が、支援を受けていないグローバルサウスの多くの地域でどのように認識されているのかについてのニュアンスは、隣国とは完全に異なる可能性があり、また実際に異なってもいる。例えば、太平洋諸島の国家におけるスポーツに対する認識は、スポーツ参加や開発のためのスポーツのモデルがもたらす本質的でヘゲモニックな政策的成果に根づくグローバルノースの理念の流入に関心を持つよりも前に、すでに「外向的」なものになってしまっている。「もはや単なる娯楽ではない（No Longer Just a Pastime）」（Kwauk, 2014）と銘打たれた論文において、スポーツと開発のためのスポーツに対するサモアの人々の認識について考察したクワウクは、彼ら彼女らのスポーツ実践に対する認識の変化や、非スポーツ的成果の獲得が社会に影響を及ぼす可能性についての考え方の変化が、サモアの開発スピードを早め、グローバルノースとの共通性をもたらし続けていると指摘する。そしてクワウク（Kwauk, 2014）は、サモア社会におけるスポーツの有用性の理解のために新しく設定されたこのアプローチを説明するため、サモアのスポーツにこれまでどのように新たな意味が付与され、またこれからどのように付与され続けるのかを三つの点から描き出している。その第一は、スポーツはネイティブのサモア人がプロスポーツ（例えば、ラグビーやアメリカンフットボール）に参入するための「チケット」であり、それが新たな人的資本や富を手に入れるための媒介となって彼らの能力を促進させるという考えである。より精神的なものとしては、教育における学問的な功績という伝統的な手段に取って代わって、スポーツが「幸福な生活」への新たな入口となるという考えである。これは、ローカルな結束として語られる「奥深い」文化と、適切性（文明）を共有しようとするものである。そして最後が、社会的・経済的不平等が増え続ける世界におけるスポーツは、青少年が「急速に変化し、一様でないグローバル社会」を航行し始めるための助け舟になるという考えである（Kwauk, 2014: 305）。

　クワウク（Kwauk, 2014）の議論に顕著なのは、開発のためのスポーツの経済的価値や能力がライフスタイルを作り出していると示すことによって、言い換えれば「スポーツ・モビリティ」を利用した福祉へのアクセス及び獲得のために、サモア市民が西、すなわちニュージーランドへと国境を越えた移住をしていると示すことで、サモアの開発のためのスポーツについて説明をしている点である。ここでの分析は、以前、ダーネル（Darnell, 2010）の論考で言及されていたように、ほかとは異なった最近の新自由主義的イデオロギー、すなわちスポーツ国際開発がグローバルノース中心の視点に陥っている事例であることを示している。このサモアの事例は、スポーツが競技レベルの高いアスリート（主に男性ラグビー選手）の移動だけでなく、感情や特徴をもった物語、教義、西洋的国際開発の新自由主義的イデオロギーが内包された理念を普及するグローバルスポーツメディアに見られるような、国際的なコミュニケーションが相対的に成功したことが、多国籍移住の経路を定着させた要因となっていることを示している。グローバルサウスを事例とする他の研究（例えば、Lindsey and Grattan, 2012）とは違って、クワウク（Kwauk, 2014: 310）は、サモアにおける今日のスポーツによる多国籍移住の事実が、サモアの植民地統治下（１９１４—１９６１年）における低賃金労働移民のニュージーランドへの移動とどのように結びついているのかを明らかにすることにとりわけ注意を払っている。つまり、スポーツは、モデルとなる男らしさや人格形成、リーダーシップといった伝統的なスポーツ実践（例えば、ラグビー）に従事すると得られるとされる社会的利益（Neddam, 2004を参照のこと）、言い換えれば、アングロ文化やその精神をサモアに結びつける植民地手段を通じてかつて導入されたということである。最後に、クワウク（Kwauk, 2014: 311）の特筆すべきグローバルサウスにおける開発のためのスポーツについてのパースペクティブを指摘しておく。クワウクは、近年の政治的・経済的状況において「（サモア）開発の生産性や実践の伝統的な方法」が衰退していると考えられているが、実はそのことが多国籍なスポーツ移民にとって必要になっていると述べる。要するに、サモアにおける開発のための スポーツはその開発のスピードに限界が生じているものの、それがあまりに「外向的」であるために、スポーツ・プラス（Coalter, 2007）のアプローチを通じて能力開発（エンパワーメントされ、自身に満ち溢れ、技術や知識が身につくこと）された諸主体（アスリート）がプロスポーツ選手を目指して海外に移住することを選択するようになっているのである。

④グローバルノースの開発のためのスポーツ・プログラムを強化するためのグローバルサウスにおける専門知識の伝達

国際開発、スポーツ、そして開発のためのスポーツに関する研究における言語、専門用語、概念化を利用し、研究者が開発のためのスポーツの様々な事例をマッピングし、フレームを作り、説明することで、開発のためのスポーツについての予測をたてることができる。本稿の最初の方では、開発のためのスポーツの起源がどのように定義されているのかを過去30年間における開発のためのスポーツの世界規模での拡大や普及に沿って、二つに分けて確認することができた。すなわち、開発のためのスポーツはグローバルノースとグローバルサウスのどちらを起源としているのかという問題と、それはグローバルノースからグローバルサウスへと拡大したのか、それともグローバルサウスからグローバルノースに拡大したのかという問題である。もちろん、グローバルサウス—とりわけサハラ以南のアフリカ—における開発のためのスポーツが、それが実施されている地域で育った住民を開発のためのスポーツの専門家として輩出していることは事実である。しかし、国際開発や開発のためのスポーツにも同様の影響を及ぼしたグローバル経済の成長と衰退のパターン、つまり２００８年の世界金融危機が、多国籍企業にＣＳＲ構想やイニシアティブを展開させる流れを生み出しているということもまた事実なのである。バンダとグルトリーサ（Banda and Gultresa, 2015）は、グローバルノースにおける開発のためのスポーツがＣＳＲとして採用されていることについて、ヨーロッパ全土の多文化地域に和解と共存を促すという目的やミッション、ビジョンを持つ Euroleague Basketball's "One Team"（ＥＢＯＴ）のイニシアティブを事例に示しながら考察を行っている。議論を始める前に、スポーツ国際開発に関わる多国籍企業についての説明に用いられている用語―「ＣＳＲ」「スポーツにおけるＣＳＲ」「スポーツを通じたＣＳＲ開発」―を定義しておく必要があろう。ラントス（Lantos, 2001: 600）は、ＣＳＲを多国籍企業が社会における自分たちの行動のポジティブな影響を最大限利用し、ネガティブな影響を最小限に留めながら、グローバルビジネスにおける「自らの行動の社会的重大性について熟考する」能力があることを示す「倫理的」活動であると定義している。だがラントス（Lantos, 2001）は、実質的にＣＳＲにはこの包括的な定義を超えた三つのタイプ―倫理的、戦略的、利他的―が存在すると指摘している。バンダとグルトリーサ（Banda and Gultresa, 2015）の議論では、戦略的という解釈が好んで用いられている。

　近年のスポーツにおける／を通じたＣＳＲの発展は、多国籍企業が未着手のビジネス領域やマーケットに参入する手段の一つになっている。様々なＣＳＲモデル、そしてそれがスポーツにどのような特徴を持たせるのか、すなわちスポーツにおける／を通じたＣＳＲは、スポーツに対する多国籍企業の立場を示すものとなっている。端的に言えば、バンダとグルトリーサ（Banda and Gultresa, 2015: 6）が述べているように、「スポーツにおける」とはスポーツが最重要市場であるＣＳＲのことであり、一方「スポーツを通じた」とは第二の、あるいは完全に新しい市場に参入するためのＣＳＲのことである。ＣＳＲを考察し、定義し、説明すること、そしてそこに専門用語を結びつけることは、ＥＢＯＴイニシアティブが「かつてのＣＳＲ方針」から、グローバルサウスの専門知識や経験から学んだ「新たなＣＳＲ」アジェンダへの移行にどのように関わっているのかを理解するために必要であった。例えば、かつての利他的なＣＳＲの諸事例（すなわち、市民社会における非営利活動への従事、即時的な自然災害や人的災害への対応、貧困対策など）は、受益者の意見を聞き、対話をしようという意図がほとんどなく、即時的な影響やＣＳＲの急激な発展にばかり固執していたＥＢＯＴの「かつてのＣＳＲ方針」に見られるものであった。つまりそこには、目に見えない難解な対象（例えば、感情的な反応）の測定ではなく、目に見える形での成功を「証明すること」が目的とされていたのである。これは実質的に、「スポーツを通じた」ＣＳＲのアプローチであることを示すものであった。すなわち、（プロスポーツチームやヨーロッパの周縁地域に生まれた青少年といった）受益者をプログラミングやデザイン（変化に対するニーズ評価や理論）の中心に据える、現在のＥＢＯＴの「スポーツにおけるCSR」の理念とは明らかに異なるのである。そして、CSRが指向するアプローチのこうした変化は、完全に利益を目的とした「ビジネス集団」から、通常よりも少ない資金しか投資することのできない主体を基盤とする非営利トラスト—Euroleague Basketball Community Trust（EBCT）—へと転移したEBOTイニシアティブの運用モデルに映し出されている。このようなEBOTモデルの下で行われる「スポーツにおける」CSRや戦略的CSRの展開は、理念／ニーズに突き動かされたステークホルダーや人間中心的価値がまとわりついた開発のためのスポーツの発展と支持を促してきたのである（Banda and Gultresa, 2015）。

3．インプリケーションと結論

　開発のためのスポーツが国連や国連専門機関（UNOSDP）の支援のもと、世界的に高く評価されてから15年を経た今日、それは世界規模で展開されている新たな政策的・経済的・社会的領域へ参入するようになり、さらなる拡大を続けている。本稿は、開発のためのスポーツの起源に関する考察を行った初期の研究を乗り越え、開発のためのスポーツが異なるグローバルの現場においてどのように実施されているのかについての理論的・実践的テーマの徹底的なレビューを行った。それによって、開発のためのスポーツへの関心を共有する研究者、政策立案者、実践者にとって取り上げる価値のある数多くのインプリケーションを、この結びの章で提供することが可能となった。第一は、開発のためのスポーツに注目した初期の研究（Coalter, 2007; Levermore, 2008）が未だに批判的な問いをもたらし続けている点である。もし、開発のためのスポーツが、UNOSDPのもとで2001年に国連が認識するよりも前に、グローバルサウスの開発に成功する（あるいは、相対的に成功だとわかる）という成果をすでにあげていたとすれば、開発のためのスポーツの最良の実施ガイドライン（すなわち、マニュアルやツールキット）を作るための世界共通語や用語、概念は必要であろうか。グローバルサウス中心のアプローチへの変化が求められている（Holmes et al, 2015, 2015b; Mwaanga and Mwansa, 2014; Idemudia, 2011）今日のグローバルサウスにおける開発のためのスポーツにとって、そのガイドラインがこれからも有益に結びつき続けるのであればこの問いは重要となる。もちろん、これが大変な課題であることは承知している。しかし、それが少なくともこの学問領域における研究者のさらなる議論を保証するのであれば、本稿で取り上げた開発のためのスポーツに関する文献の表層を縫うものとなるかもしれない。

　インプリケーションをさらに深める上で、ダーネル（Darnell, 2010）の議論は、開発のためのスポーツ・プログラムのすべての段階（すなわち、プランニングとデザイン、展開、モニタリングと記録、そして評価とレポート）と密接に関係するインプリケーションを持つ理論的な解釈を提供してくれており、また様々なグローバル文脈において重要な影響を持ち続けている。イデオロギーはあらゆる開発のためのスポーツの事例の中心に存在し、インプット（変化へのニーズと理論の一体化）やインパクト（ニーズの達成と社会変化の願望が結びついた現場での展開）、アウトプット（インパクトによって生じた「非／意図的な」実質的変化）、そして成果（還元された／されてないニーズや、証明された／されてない変化の理論）といったすべての側面に浸透している。開発のためのスポーツの初期段階にはっきりと見て取れる非常に素晴らしい目的は、それらのプログラムの終了時に毎回表面化するまったく意図していなかった未知の社会問題（アイデンティティに基づいた不均衡や不平等、運動能力や学力の不均衡や不平等）を生じさせる脆弱性を浮き彫りにすることができる。イギリス植民地下におけるスポーツがもたらした理念やエートス（人種、民族、障がい、ジェンダー、セクシュアリティ、社会階級などの区分）が、様々なグローバルな場においてどのように再生産されるのかを示すためには、イギリス植民地的な価値中心的スポーツの利用について指摘しなければならない（James, 1963を参照のこと）。ダーネル（Darnell, 2010）の議論から見い出すことのできた最重要課題は、なぜ特定の国々に社会問題が存在するのか、そして新たな社会的不平等を再生産、あるいはすでに存在する社会的不平等を拡大しないように、どのように開発のためのスポーツを非スポーツ的成果の獲得を目的としたプログラムの中で用いるべきなのか、といった問いにすべてのステークホルダーが取り組まなければならないということである。そして我々は、（イデムディーア（Idemudia, 2011）が徹底的に主張していたように）開発のためのスポーツや国際開発の研究者、活動家、政策立案者のように、現地のスチュワードシップや専門家の助言のもとで大規模に展開される開発のためのスポーツの場に生まれるエビデンスに基づいたグローバル「サウス中心」のアプローチを推進するよう努めなければならない。

（ヨーク・セント・ジョン大学）

【註】

（1）スポーツが国際開発目標に寄与するためにどのように使われているのかを説明するため「開発のためのスポーツ」（他にも「開発と平和のためのスポーツ（SDP）」「開発におけるスポーツ」「スポーツを通じた開発」などがある）という専門用語を選択したのは、SDPとは異なり、それが公平的、中立的、包括的、政治的無関心な訴えを内包しているからである。開発のためのスポーツは、政治的信念、専門的所属、あるいは学術研究者に対する義務や支持といったものをまったく負っていない。

（2）一定期間を超えてもなお実施、維持されている開発のためのスポーツの事例の地理的関係性を完全に、かつ正確ではないが説明するため、この論稿では、グローバルノース／グローバルサウスという用語を用いている。ほかにも同じ意味を示す用語として、三分の一／三分の二の世界、マイノリティ／マジョリティ世界、先進国／発展途上国などがある。

（3）この例で示されているイデオロギーとは、影響力をもつことを目的として、あるイデオロギー周辺に存在するすべての人にとっての最善の結果を生み出し、もたらすとされる（本質的に政治的・経済的に突き動かされた）思考とそれに続く行動という理念的プロセスのことである。もちろん、イデオロギーに含まれる意味がすべて肯定的であるというわけではないし、ここではイデオロギーの基本的な枠組みとプロセスを説明しているに過ぎない。

（4）筆者は平等主義（平等主義者、平等主義的政策、平等主義社会）という用語を、ある社会構造（例えば、社会、国家政府、開発プログラムなど）を通じて接近可能となる平等を支持する価値観を付与することを目的としたイデオロギーという定義に則して用いることとする。

（5）ここでは能力主義（能力主義的、西洋能力主義）を、能力（例えば、諸個人が自身の価値として「証明」しなければならないもの―教育、スポーツ、ビジネスにおける賞賛）や知的業績（メディアや国家政府、ビジネスあるいは君主国の承認を介して諸個人の業績が文章化あるいは記録されているもの）に基づいて格付けがなされる階級制度（潜在能力のピラミッド型）の支持を主張する価値観や信念、理想によって構成される社会構造を説明するものとして用いている。

（６）この事例で用いているヘゲモニック（ヘゲモニー、西洋ヘゲモニー）とは、ある社会構造—国家政府、政府間組織、多国籍企業など—が固持している支配と権力の位置のことを指している。ヘゲモニーを持つ人々は、権力のより強い主張と従属的な社会構造（例えば、グローバルノース—グローバルサウスの関係）の支配を認める権利の行使を通じて、その地位を手放さず、維持しようとする。

【文献】

Banda, D. and Gultresa, I. (2015) "Using Global South Sport-for-Development experiences to inform Global North CSR design and implementation: A case study of Euroleague basketball's One Team programme", *Corporate Governance*, 5 (2): 196-213.

Coalter, F. (2013) *Sport for development: what game are we playing?* Routledge.

Coalter, F. (2010) "The politics of sport-for-development: Limited focus programmes and broad guage problems?" *International Review for the Sociology of Sport*, 45 (3): 295-314.

Coalter, F. (2007) *A wider social role for sport*, Routledge.

Darnell, S. (2010) "Power, Politics and 'Sport for Development and Peace': Investigating the Utility of Sport for International Development", *Sociology of Sport Journal*, 27 (1): 54-75.

Idemudia, U. (2011) "Corporate social responsibility and developing countries: moving the critical CSR research agenda in Africa forward", *Progress in Development Studies*, 11 (1): 1-18.

James, C. L. R. (1963) *Beyond a Boundary*, Hutchinson.

Kay, T. (2012) "Accounting for legacy: monitoring and evaluation in sport in development relationships", *Sport in Society*, 15 (6): 888-904.

Klein, N. (2007) *The Shock Doctorine: The Rise of Disaster Capitalism*, Picador.

Kruse, S.E. (2006) *Review of Kicking AIDS Out: Is sport an effective tool in the fight against HIV/AIDS?* Norwegian Agency for Development Cooperation (NORAD).

Kwauk, C. T. (2014) " 'No Longer Just a Pastime': Sport for Development in Times of Change", *The Contemporary Pacific*, 26 (2): 303-323.

Lantos, G. P. (2001) "The boundaries of strategic corporate social responsibility", *Journal of Consumer Marketing*, 18 (7): 595-632.

Levermore, R. (2011a) "The Paucity of, and Dilemma in, Evaluating Corporate Social Responsibility for Development through Sport", *Third World Quarterly*, 32 (3): 551-569.

Levermore, R. (2011b) "Evaluating sport-for-development", *Progress in Development Studies*, 11 (4): 339-353.

Levermore, R. (2010) "CSR for Development through Sport: examining the potential and limitations", *Third World Quarterly*, 31 (2): 223-241.

Levermore, R. (2008) "Sport in International Development: Time to Treat it Seriously?" *Brown Journal of World Affairs*, 14 (2): 55-66.

Lindsey, I. and Grattan, A. (2012) "An 'international movement'? Decentering sport-for-development within Zambian communities", *International Journal of Sport Policy and Politics*, 4 (1): 91-110.

Mwaanga, O. and Mwansa, K. (2014) "Indigenous Discourses in Sport for Development and Peace: A Case Study of the Ubuntu Cultural Philosophy in EduSport Foundation, Zambia", Schulenkorf, N. and Adair, D. (eds.), *Global Sport-for-Development: Critical Perspectives*, Sage Publications, 115-134.

Holmes, M. J., Banda, D. and Chawansky, M. (2015) "Towards sustainable programme design? A case study of CSR initiatives within a Zambian SfD NGO", *International Journal of Sport Management and Marketing. Forthcoming.*

Holmes, M. J. (2015a) "CSR and SfD practices in Zambia: need for growth in South-centred agenda", *Forthcoming*.

Neddam, F. (2004) "Constructing masculinities under Thomas Arnold of Rugby (1828-1842): gender, educational policy and school life in early-Victorian public school", *Gender and Education*, 16 (3): 303-326.

Peachey, J. W., Lyras, A., Cunningham, G. B., Cohen, A., Bruening, J. (2015) "The Influence of a Sport-for-Peace Event on Prejudice and Change Agent Self-Efficacy", *Journal of Sport Management*, 29 (3): 229-244.

United Nations (2000) *Millennium Declaration*, United Nations.

United Nations (2003) *Report from the United Nations Inter-Agency Task Force on Sport for Development and Peace*, United Nations.

執筆者紹介

清水 諭（シミズ サトシ）
筑波大学体育系教授。本誌編集委員。【主な著書】The Olympics in East Asia（共著）Yale University. Football Goes East（共著）Routledge.『オリンピック・スタディーズ』（編著）せりか書房、『甲子園野球のアルケオロジー』、『身体文化のイマジネーション』（単訳）以上、新評論。

山口 理恵子（ヤマグチ リエコ）
城西大学経営学部准教授。【主な著書】『知ってほしい女性とスポーツ』（共著）サンウェイ出版。

池田 恵子（イケダ ケイコ）
北海道大学大学院教育学研究院教授。山口大学教育学部教授（１９９９～２０１４年度）、ドゥ・モンフォート大学人文学部国際スポーツ史・文化研究所客員研究員（２０１０年度）、ウォーリック大学人文学部社会史研究所客員研究員（１９９７年度）。【主な著書】『前ヴィクトリア時代のスポーツ―ピアス・イーガンの「スポーツの世界」』不昧堂、『スポーツ』（共著）ミネルヴァ書房、『いま奏でよう、身体のシンフォニー―身体知への哲学・歴史学的アプローチ』（共編著）叢文社。

熊安 貴美江（クマヤス キミエ）
大阪府立大学高等教育推進機構准教授。専門分野はスポーツとジェンダー。【主な著書】『よくわかるジェンダー・スタディーズ』（編著）ミネルヴァ書房、『21世紀スポーツ大辞典』（共著）大修館書店、『スポーツ・ジェンダー学への招待』（共著）明石書店、『ジェンダーで学ぶ教育』（共著）、『フェミニズム・スポーツ・身体』（共訳）以上、世界思想社。

井谷 惠子（イタニ ケイコ）
京都教育大学教授。博士（学校教育学）。第23期日本学術会議連携会員、日本スポーツとジェンダー学会理事。【主な著書】『スポーツ・ジェンダー学への招待』（共編著）、『体力づくりからフィットネス教育へ』以上、明石書店、『性差とは何か―ジェンダー研究と生物学の対話』学術叢書14（共著）日本学術協力財団、『スポーツ・ジェンダー：データブック２０１０』（編著）日本スポーツとジェンダー学会。

岡田 桂（オカダ ケイ）
関東学院大学国際文化学部准教授。【主な著書】『ヴィクトリア朝文化の諸相』（共著）彩流社、「女もすなるJiu-jitsu：二十世紀初頭のイギリスにおける女性参政権運動と柔術」『スポーツ科学研究』10。

田中 東子（タナカ トウコ）
大妻女子大学文学部准教授。博士（政治学）。専攻はメディア文化論、カルチュラル・スタディーズ、ジェンダー論。【主な著書】『メディア文化とジェンダーの政治学―第三波フェミニズムの視点から』、『テレビニュースの社会学―マルチモダリティ分析の実践』（共著）以上、世界思想社、『叢書セミオトポス8　ゲーム化する世界：コンピューターゲームの記号論』新曜社。

麓 幸子（フモト サチコ）
法政大学大学院研究生。出版社執行役員。筑波大学卒業後、出版社入社。２００７年より女性誌編集長。２０１２年より局長、３媒体の発行人になる。２０１４年より現職。同年法政大学大学院経営学研究科キャリアデザイン学専攻修士課程修了。編著書に『なぜ、あの会社は女性管理職が順調に増えているのか』『なぜ、彼女たちの働き方はこんなに美しいのか』『企業力を高める～女性の活躍推進と働き方改革』などがある。

工藤 保子（クドウ ヤスコ）

公益財団法人笹川スポーツ財団スポーツ政策研究所副主任研究員。鹿屋体育大学大学院体育学研究科社会体育学コース修士課程修了後、１９９１年より同財団で成人・10代・４～９歳の「スポーツライフ・データ」、「スポーツ・ボランティア・データブック」などの編集、「笹川スポーツ研究助成」の運営などに携わる。２０１１年10月より現職。【主な著書】『スポーツの統計学』（共著）朝倉書店、『生涯スポーツ実践論』（共著）市村出版、『スポーツ・ボランティアへの招待』（共著）世界思想社。

及川 彩子（オイカワ アヤコ）

スポーツライター。ＮＹ在住ライター。オリンピックスポーツ、野球、サッカー、女子ゴルフなどを取材。雑誌、新聞、ウェブサイトなどに執筆。「月刊陸上」、「スポナビ」、「Number」、「スポルティーバ」、「サッカーダイジェスト」などに寄稿。ＮＹシティマラソンの伴走者を描いた作品で２００６年度さいたま市スポーツ文学賞大賞受賞。

落合 博（オチアイ ヒロシ）

毎日新聞編集委員。読売新聞大阪本社、ランナーズ社を経て、毎日新聞社に入社。前橋・神戸支局、大阪運動部、新潟支局、東京運動部、大阪運動部を経て２０１１年５月から論説委員（体育・スポーツ担当）。２００６年４月からコラム「発信箱」（隔週木曜日掲載）を担当。【主な著書】『こんなことを書いてきた　スポーツメディアの現場から』（創文企画）、『闘う男たち　神戸製鋼ラグビー部』世界文化社。

大住 良之（オオスミ ヨシユキ）

サッカージャーナリスト。『サッカー・マガジン』編集部を経て１９９８年にフリーランスとなる。【主な著書】『サッカーへの招待』岩波書店、『サッカーの話をしよう』ＮＥＣクリエイティブ、『代表戦記』日本経済新聞社、『がんばれ！女子サッカー』（共著）岩波書店。

生島 淳（イクシマ ジュン）

スポーツジャーナリスト。【主な著書】『エディー・ジョーンズとの対話』文藝春秋、『ウサイン・ボルト自伝』（翻訳）集英社インターナショナル、『箱根駅伝　勝利の名言』講談社＋α文庫。

マシュー・ホルムズ

ヨーク・セント・ジョン大学

竹崎 一真（タケザキ カズマ）

筑波大学大学院人間総合科学研究科体育学専攻。

編集後記

大学に入学して以来、つくばという場所で多くの時間を過ごしてきた私は、大学関係者と異なる人々と出会うことはあまりなかった。１９９０年代に入って、サッカーのサポーターたちと一緒に国内外を行動し、様々な人に出会い、話を聞く機会に恵まれるようになった。もちろん、大きな声でコールとチャントを繰り返し、時にレフリーを批判し、時に選手たちを鼓舞するその身振りとスタイルは、競うように「男らしさ」を表現する場にふさわしいものだが、スタジアムにおいてそうした行為をし、あるいはそれに賛同する人々とその家族だから、固定化された性役割を履行するというわけでもない。

しかしながら、ひとり一人の奥底にあって、保守的で変化を望まないものが、日本の性役割を固定化させているように思う。大学ほかで多くの女性アスリートたちと話をすることも多いが、彼女たちもまた固定化した性役割を意識し、それを全うしようと努力しているように思う。もちろん、個人的な差異があり、また北米やヨーロッパにおいて、伝統的な性役割を基盤にして家族を構成している女性たちも見てきたが、それにしても日本に生まれた人よりも個人の自由を尊重しているように思う。

これまでも、ジェンダーやセクシュアリティに関して、日本の女性アスリートの境遇などを事例にして、歴史的文脈から論じ、著作を読んできた。しかしながら、本号を編集しながら思ったことは、これまで以上に、女性のリーダーシップを生み出す施策を戦略的に打ち出して行く必要があるということである。女性と男性にまつわる議論になると、個々人の体験と記憶にとらわれてしまうことも多々あるが、２０２０年を目標にして、現場に影響を及ぼすことが可能な政策を企画・実践・評価・フィードバックのサイクルで重ねていくことが重要だと思う。

最後になりましたが、山口理恵子さんの協力により、そして様々な方から論稿を頂戴して、本号を出版することができました。関わっていただいた方々に、改めてお礼を申し上げます。ありがとうございました。

（清水　諭）

『現代スポーツ評論』第 34 号は、
2016 年 5 月 20 日発行予定です。

※創文企画のホームページに「現代スポーツ評論」のバックナンバーが掲載されております。ぜひご覧ください。
http://www.soubun-kikaku.co.jp

現代スポーツ評論 33
2015 年 11 月 20 日発行
編　者　清 水　　諭
発行者　鴨 門 裕 明
発行所　創 文 企 画
〒 101-0061
東京都千代田区三崎町 3 － 10 － 16
TEL：03 － 6261 － 2855
FAX：03 － 6261 － 2856
［振替］00190 － 4 － 412700
印　刷　壮光舎印刷
表紙デザイン　松坂　健
（ツー・スリー）
ISBN978 － 4 － 86413 － 075 － 2 C3075